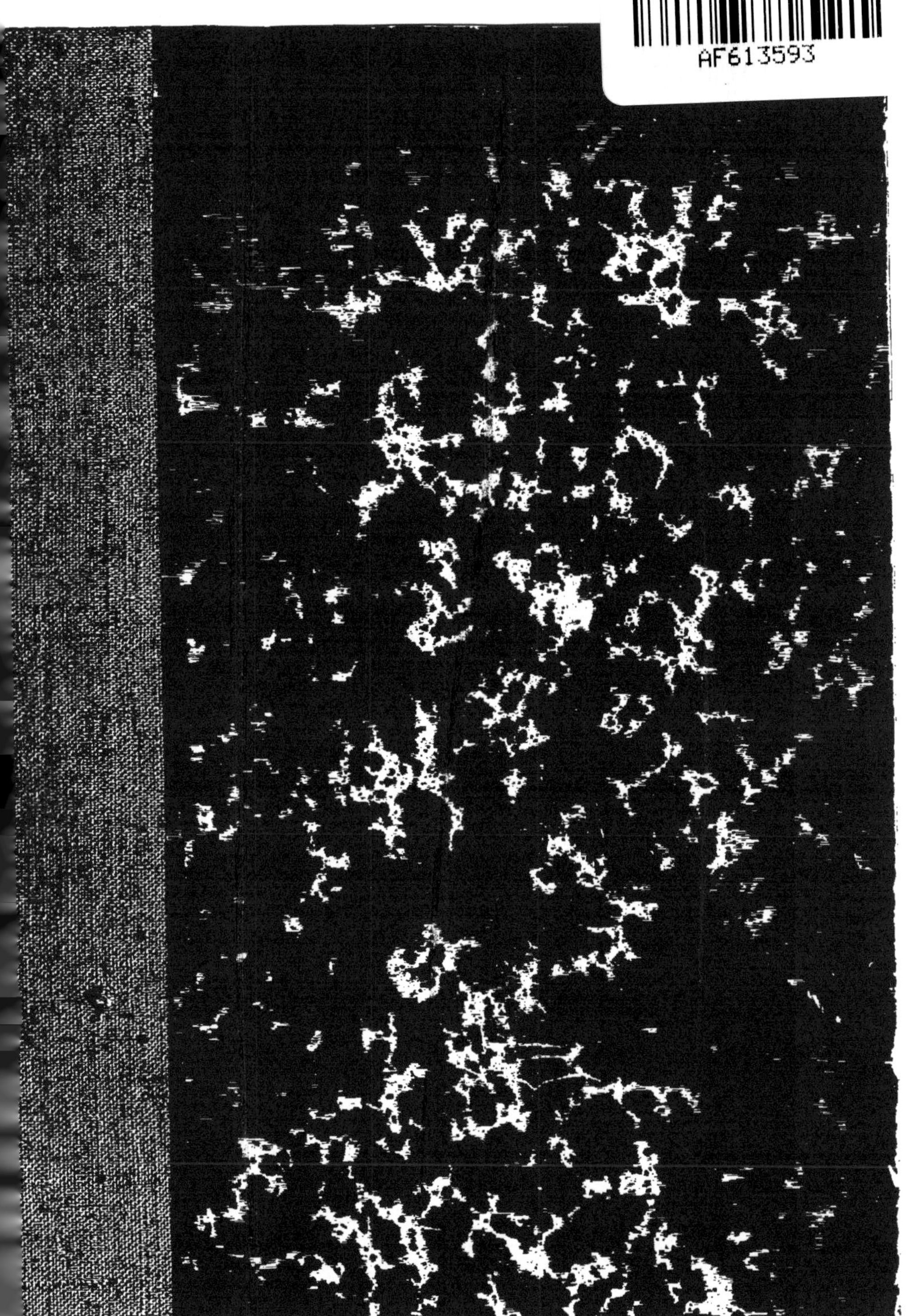

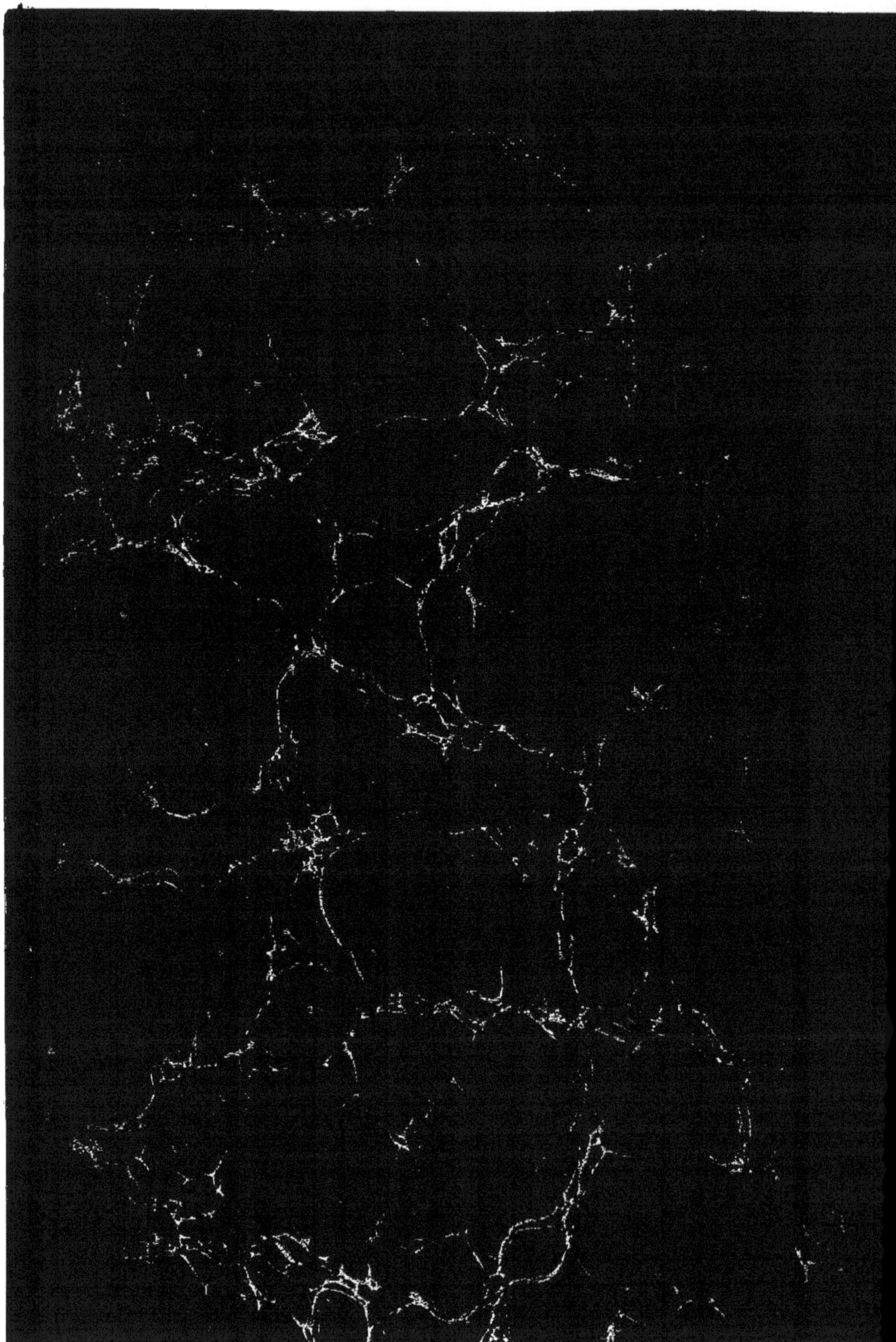

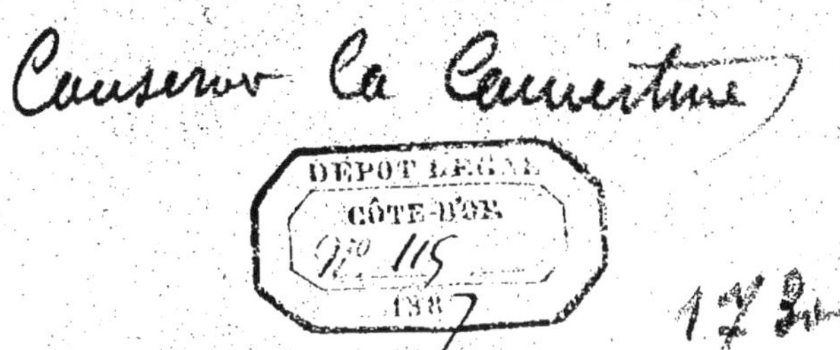

MÉMOIRE DES CAMPAGNES

DE

M. LE COMTE QUARRÉ D'ALIGNY

SOUS LE RÈGNE DE LOUIS XIV

JUSQU'A LA PAIX DE RISWICH

(Paix de Ryswich 1697)

BEAUNE
IMPRIMERIE ARTHUR BATAULT
1886

MÉMOIRE DES CAMPAGNES

DE

M. LE COMTE QUARRÉ D'ALIGNY

MÉMOIRE DES CAMPAGNES

DE

M. LE COMTE QUARRÉ D'ALIGNY

SOUS LE RÈGNE DE LOUIS XIV

JUSQU'A LA PAIX DE RISWICH

(Paix de Ryswich 1697)

BEAUNE

IMPRIMERIE ARTHUR BATAULT

1886

AVANT-PROPOS

Je n'ai pas dessein de reproduire sur les *Quarré d'Aligny* ce que l'on peut aisément en savoir par les nombreux livres (1) qui traitent des familles notables de la Province. Je remarquerai seulement que la notoriété qu'ils eurent leur vint moins de l'épée que de la robe, et chacun sait la place tenue par eux au Parlement durant les XVIIe et XVIIIe siècles.

Aligny, où naquit, en 1641, l'auteur de ces mémoires, ressortait du baillage de Saulieu (2). C'est une commune de la Nièvre dont le château, réduit en ferme, n'offre plus rien d'intéressant (3). D'ailleurs, la terre sortit de la famille

(1) Paillot, Petitot, Beaune et d'Arbaumont, Papillon, Muteau et Garnier, etc.
(2) Courtépée, t. IV, page 119.
(3) De Soultrait, Répertoire archéologique de la Nièvre. Col. 20.

Quarré par vente de 1743, et même, bien avant cette date, le château de Juilly, près Arnay-le-Duc, eut les faveurs des d'Aligny. C'est là que le vieux soldat vint se reposer de ses nombreuses campagnes, ou plutôt se consoler de déboires nombreux. C'est là qu'il rédigea tardivement, à ce qu'il conte, ces pages pour l'enseignement des siens. Enfin c'est à Juilly, qu'épuisé de vieillesse, il s'éteignit à l'âge de 90 ans. Courtépée a vu sa tombe, remplacée maintenant dans l'église de Magnien par un marbre fixé au mur du chœur.

Pierre Quarré, comte d'Aligny, était le fils aîné de Gaspard, avocat général au Parlement de Bourgogne, et dont le père appartenait déjà, comme conseiller, à l'illustre compagnie. Pierre vint au monde l'année même où son père entrait en charge (1641). Quinze ans plus tard, ce dernier mourait prématurément, entouré de quelqu'auréole pour sa bonne attitude à Dijon durant la Fronde où il soutint virilement Millotet, et laissant des œuvres juridiques d'une certaine valeur.

Pierre était donc un adolescent quand il devint orphelin. On n'entre pas au Parlement à quinze ans. Bientôt, au contraire, il allait pouvoir s'essayer au métier des armes. Il avait un oncle tout fait pour l'y pousser. Etienne Quarré était chevalier de Malte, officier distingué ; toujours en campagne, il s'était surtout fait remarquer à Lens et on lui attribua un traité d'art militaire resté inédit. Ajouterai-je enfin qu'il avait été gouverneur du grand Condé ? Le jeune neveu fut donc entraîné par cet exemple placé sous ses yeux ; et renonçant, bien qu'aîné, à cette magistrature qui semblait héréditaire dans sa lignée, il se fit soldat, autant du moins qu'un seigneur pouvait l'être alors.

Sa fortune, pour tant de loyaux services, nous paraît avoir été médiocre, et, sans doute, il n'était point courtisan. Il atteignit péniblement le grade de brigadier des armées du Roi, fut chevalier de Saint-Louis à la création de cet ordre, et devint enfin grand bailly du Charollais et gouverneur d'Autun. Je passe quelques autres distinctions.

On ignore qui possède le manuscrit original de l'auteur des Mémoires, mais une copie s'en trouve à la Bibliothèque de l'Arsenal (MS tome I n° 3723, des manuscrits français relatifs à l'histoire). Un autre exemplaire reposait naguère encore au château de Juilly. Par quelle aventure se trouve-t-il maintenant aux archives du département ? Je ne saurais le dire. Pour moi, ce que j'ai entre mains est une simple expédition libellée, ce me semble, au début de ce siècle.

PAUL FOISSET.

MÉMOIRE

DES

CAMPAGNES DE M. LE COMTE D'ALIGNY-QUARRÉ

SOUS LE RÈGNE DE LOUIS XIV

Jusqu'à la paix de Riswich (paix de Riswich 1697)

---

notoriété de ...ille est dans considérable ...tenue au Par- ...de Dijon au ...ècle.

Me trouvant dans un âge très avancé, après plus de quarante campagnes faites, ou dans la maison du Roi, ou dans l'infanterie ; travaillé de plusieurs infirmités et de blessures, j'ai cru devoir laisser à mes enfans quelques mémoires des principales aventures de ma vie, et en même tems les instruire des choses les plus remarquables arrivées de mon tems dans ce Royaume.

Si ces mémoires tomboient en d'autres mains, on verra bien qu'un homme de guerre qui est entré fort jeune au service, s'est plus appliqué à bien faire qu'à bien écrire : il ne faut chercher ici que des faits, où je n'ai cherché qu'à ménager la vérité.

— Sa nais-

Je suis né au château d'Aligny (1), en 1641, mon

(1) Aligny est de l'arrondissement de Château-Chinon, mais sur la limite de la Côte-d'Or (direction de Saulieu), du bailliage de Saulieu.

père étoit seigneur de cette terre. Ma mère, Marguerite de la Serrée, étoit fille d'un gentilhomme d'une ancienne noblesse du Charollois ; mon père mort jeune, je tombai entre les mains d'un de mes oncles, chevalier de Malthe, que je puis appeler mon bon oncle, puisque c'est lui qui m'a élevé et donné les premiers principes de mon métier. Il avoit été gouverneur du grand prince de Condé et pouvoit bien m'inspirer de bons sentimens si j'avois su en profiter, mais il mourut trop tôt pour moi. Mon père et lui étant fort connus, je n'aurois pas été près de vingt ans à percer la foule ; j'avois été cornette de cet oncle, lorsqu'il étoit premier capitaine major du Régiment de cavallerie de Lamotte. Il n'y avoit pas encore, dans ce tems-là, de Lieutenants-colonels.

Il est cornette au régiment de son oncle.

1661.— Mousquetaire du roi.

A la paix des Pirennées, ce régiment fut cassé et j'entrois en 1661 dans la compagnie des Grands Mousquetaires du Roi, dont ce prince étoit uniquement enjoué : il ne songeoit peut-être pas alors que son règne ne seroit qu'une guerre continuelle, quoique le plus long qu'on ait vu en France.

Naissance de Louis XIV.

Ce prince naquit en 1638, de Louis XIII et d'Anne d'Autriche, après une stérilité de vingt-deux ans, et il a été l'homme du monde du plus grand air et le mieux fait ; il demeura entre les mains du cardinal Mazarin, le plus fourbe et le plus intéressé italien qui soit jamais entré en France. Il faisoit si mal élever ce prince, qu'à peine lui faisoit-il apprendre à écrire : sa politique étoit en amassant des richesses immenses, de se rendre toujours nécessaire sous le règne d'un jeune prince, à qui il n'apprenoit rien moins qu'à régner.

Ce ministre, après une guerre civile qu'il avoit allumée, et qui a coûté tant de sang et tant d'argent à la France, mourut à Vincennes en 1661, au grand contentement des peuples, et laissa à un neveu et à sept nièces des richesses immenses en France, sans compter les sommes prodigieuses qu'il avoit fait passer en Italie.

Le Roi, par cette mort, devenu son maître, ne tarda pas à faire paroître ce beau naturel et ce génie singulier qu'il avoit pour toutes choses. D'abord, comme son penchant étoit la guerre qu'il a faite pendant toute sa vie, il ne songea qu'à rétablir et à donner un bon ordre à ses finances qui en sont le nerf; il mit le détail de la guerre entre les mains du marquis de Louvois, très capable de cet emploi, mais le plus brutal de tous les hommes.

Il confia ses finances à M. Colbert et les ôta à M. Fouquet, auquel il fit faire le procès pour ses malversations, et après avoir cassé quantité de ses gardes du corps qu'on appeloit des arracheurs d'épines, et plusieurs de leurs officiers, ce prince mit en leur place tout ce qu'il put trouver de meilleur parmi ces officiers de cavalerie, tant en pied que réformés; il fit la même chose à l'égard de ses gendarmes et de ses chevau-légers; et à l'égard de l'infanterie, ayant ouï parler du sieur Martinet, il le fit chercher et le fit revenir pour lui donner une discipline nouvelle et la meilleure qui ait jamais été en France.

1663. — 1re campagne.

Cela fait, sa première sortie fut sur le duc de Loraine, ce prince si changeant et si ennemi de la France ; il fallut bien qu'après le siège de Marsal et son pays presque tout pris, il fît la paix comme il plût au Roi : sa Majesté ne manqua pas de mener sa compagnie de mousquetaires dont j'étois. Elle étoit composée de gens très bien faits et dont la noblesse étoit si connue, qu'au mariage du Roi, Dom Louis d'Harro la voyant, lui qui étoit ministre d'Espagne, dit : si Dieu descendoit sur terre, il n'auroit pas d'autre garde que celle-là. J'avais été présenté par le comte d'Harcourt qui honoroit mon père et mon oncle de son amitié et qui parla au roi de leurs services, ce qui ne m'a pas nuit dans la suite.

Le Roi ayant terminé cette guerre plus tôt qu'on ne l'auroit cru et souhaité, il se fit une maîtresse, ce fut Mlle de la Vallière, moins recommandable par sa beauté que par sa douceur et sa bonne grâce: La jeune Reine n'avoit ni beauté ni bonne mine, elle venoit de donner un Dauphin à la France : le Roi, nonobstant toutes ses maîtresses, l'a toujours aimée et estimée.

Ce prince étant revenu pendant qu'on bâtissoit le superbe château de Versailles, nous y menoit presque tous les jours. Il y faisoit des dépenses excessives. Il n'oublioit cependant pas la guerre et envoya un secours à l'empereur, commandé par le comte de Coligny qui s'y distingua fort à la bataille de Saint-Godard, après laquelle le turc fut obligé de faire la paix. Mais voici une autre guerre qui se prépare et qui a été la source de toutes celles qu'il a eu pendant tout son règne, qui a duré 73 ans, et qui finit dans la 78e de son âge, Louis XIII lui ayant laissé sa couronne qu'il n'avoit encore que cinq ans.

— Guerre [E]spagne.

Le roi prit pour prétexte de cette guerre contre l'Espagne, les droits de la Reine son épouse, sur les Pays-Bas ; il ne manqua pas de trouver à Paris des Jurisconsultes, et même M. de Louvois, qui respiroit encore plus la guerre que son maître, lui en fit trouver à Malines même, selon le sentiment duquel ses prétentions ne pouvoient faire de difficultés ; mais M. de Colbert qui ne vouloit que la paix pour faire fleurir les arts et le commerce, en détournait le Roi le plus qu'il pouvait, lui remontrant qu'il avoit renoncé à toutes successions par son contrat de mariage ; que d'ailleurs tous ses voisins le voyant armé, ne manqueroient pas de se liguer contre lui, et qu'alors il verroit que le marquis de Louvois l'auroit très mal à propos engagé dans cette guerre qui a entraîné toutes les autres.

Les préparatifs de cette guerre étant faits par l'augmentation des compagnies qui étoient en pied, et quantité de commissions délivrées tant de cavalerie que d'infanterie et dragons qui furent bientôt en état de servir ; ce qui donna le plus de joie au Roi et qui releva encore l'autorité de M. de Louvois et en même tems son orgueil, c'est que se voyant le maître de la destinée de tant de braves gens dont plusieurs avoient fait à leurs dépens de très belles compagnies, on partit pour la Flandre, où l'on prit d'abord Douai, Tournay, Courtray, Armentières, et je ne sais combien d'autres places, et sur la fin de la campagne l'importante ville de Lille, qui se défendit mieux que toutes les autres. Je fus commandé à l'assaut de la demi-lune où je rendis un petit service, car étant tombé sur un soldat qui savoit où étoient les fourneaux, en lui accordant la vie il me dit que la mine n'étoit pas chargée, ce que je criai le plus haut que je pus, en quoi je fis grand plaisir au commandant : cela me valut au retour de la campagne d'être fait sous-brigadier des mousquetaires, qui n'était pas un petit emploi en ce tems-là, pour un jeune gentilhomme.

Il est fait sous-brigadier des Mousquetaires.

Le Roi ayant été en personne à la défaite de M. Demarsin qui venait au secours de cette place, s'en retourna à la Cour, où il fit une nouvelle maîtresse ; ce fut la fille du duc de Mortemart, femme du marquis de Montespan. Elle étoit bien plus belle que Mlle de la Vallière, mais on a cru qu'elle n'étoit pas si fidèle au Roi.

1668. — Conquête de la Franche-Comté.

Il commande un détachement à Salins.

La Franche-Comté fut aussi conquise en 1668, et je fus avec le Roi et sa compagnie des mousquetaires aux sièges de Besançon, Salins et Dôle. Cette expédition ne dura pas un mois : ce fut M. de Luxembourg qui fit le siège de Salins, et comme il y eut un détachement de mousquetaires que je commandai avec le sieur de Saint-Léger, très bon officier, M. de Luxembourg nous prit tous deux pour reconnoître le fort Saint-André, qui est tout ce qu'il y a de considérable à Salins. Etant allés sur la Montagne, nous nous mîmes dans une fosse de vigne, d'où nous voyions tout ce qui étoit sur la place. Saint-Léger et moi, nous avions chacun un fusil, et comme je vis un capucin qui animoit la garnison, je me levai de la fosse et je criai au capucin lequel se jeta par terre, et mon coup tua celui qui étoit derrière lui. Après la prise de ce fort, le siège ne dura pas longtems, les autres forts étant peu de chose. Il m'arriva un accident : mon logis fut brûlé pendant que je soupois chez M. de Luxembourg, on ne put sauver que mes chevaux ; tout mon équipage ayant été brûlé, ce seigneur eut la bonté de me laisser à Salins avec une compagnie de dragons pour me servir d'escorte, quand je me serois racommodé, ce que je fis en peu de tems ; après quoi je fus rejoindre le Roi qui étoit au siège de Dôle.

…ndre le châ-
…augrenant.

Les députés se servirent de mon escorte, le baron de Vaugrenant étoit à la tête ; j'étais fort ami de ses enfans avec lesquels j'avois apris à Dijon à faire des armes, et comme le château de Vaugrenant est un des meilleurs du comté de Bourgogne et qui se trouvoit sur le chemin de l'armée qui venoit assiéger Salins, je dis à notre général les liaisons que j'avois avec MM. de Vaugrenant, ce qui fit qu'il m'y envoya avec un tambour pour sommer ce château. Je n'y trouvai que Mlle de Vaugrenant avec un officier, environ 50 soldats et quelques paysans armés. Lui ayant dit qui j'étois, et que comme ami de sa maison, je ne lui conseillois pas de tenir devant une armée royale, elle voulut d'abord avec cet officier faire bravade, mais quand je lui eus dit qu'on ne manqueroit pas de faire un exemple de sa témérité, alors elle fit sortir l'officier que je menai à M. de Luxembourg, et qui lui fit grand plaisir, regardant comme une chose très désagréable d'avoir à s'arrêter devant une pareille bicoque.

Le Roi, comme je lui dis, ne fut pas longtems dans cette expédition. Il est aisé de juger de la bonté des troupes et des généraux, MM. les princes de Condé et le vicomte de Turenne ; il y avoit longtems qu'ils passoient pour les deux plus grands généraux de l'Europe, et l'on peut assurer que la France n'en a jamais eu ni n'en aura jamais de pareils ; ils avoient pour lieutenants généraux MM. de Luxembourg et de Créqui qui sont devenus deux excellens généraux.

Le Roi avait plus d'amitié et de confiance en M. de Turenne qu'en M. le Prince. Sa Majesté avoit peine à oublier que pendant le tems de la Fronde, il lui avait voulu enlever la couronne ; aussi il lui avoit donné bien des mortifications depuis qu'il étoit le maître.

Service du grand-père d'Aligny au tems de la Fronde.

Mes enfans me sauroient mauvais gré si je passois sous silence les services que leur grand père rendit au Roi à Dijon en ce tems.

Le grand prieur de Saint-Bénigne et le chevalier Quarré son frère cassèrent le maire qui étoit la créature de M. le Prince, et en élurent qui, comme eux, avoit le cœur royaliste (le sieur Maletête), ce qui sauva la ville dont mon père n'eut pour toute récompense qu'un vaudeville.

Le cardinal Mazarin passant avec le Roi à Dijon, l'abbaye de Saint-Seine étant vacante, il l'offrit à mon père pour un de ses frères qui étoit chevalier de Malthe, mais à condition de donner 10,000 francs à l'abbé Vendedei, qui était son fidel commissaire ordinaire, pour le prix de tous les bénéfices qu'il vendoit : mon père n'en voulut point à ce prix. Cependant le cardinal ne voulant pas le laisser tout à fait sans récompense, lui fit expédier des lettres de conseiller d'Etat que j'ai en poche ; voilà tout le fruit de ses services.

L'abbé de la Rivière étoit de très basse extraction, il étoit néanmoins parvenu par son esprit à être tout puissant chez M. le duc d'Orléans, oncle du Roi ; il voulut avoir un évêché des plus distingué par sa dignité ; mais comme le cardinal ne les donnoit pas, il fut convenu d'un certain prix pour celui de Langres, qui est un Duché-Pairie ; quand cet abbé en fut pourvu, il se plaignit hautement qu'il l'avoit acheté trop cher, à quoi le cardinal répondit : « La Rivière est un menteur, je ne « lui ai pas vendu l'Evêché, mais bien la Pairie ». Cet Italien faisoit argent de tout.

Après ces conquêtes qui enflèrent encore plus l'orgueil de M. de Louvois, la paix se fit par l'entremise du Pape : ce qui fit grand plaisir à M. de Colbert qui ne vouloit point de guerre, et qui étoit assez embarrassé pour fournir aux excessives dépenses que le Roi faisoit à Versailles et à d'autres constructions ; car il faisoit fortifier toutes les places de Flandre qu'on lui laissoit par le traité de paix qu'on venoit de conclure à Aix-la-Chapelle, ayant seulement rendu le comté de Bourgogne.

Je dois dire un mot avant que de finir cette guerre, des maréchaux de camp et autres principaux officiers. Ceux qui se sont le plus distingués sont MM. de Duras, de Lorges, de Rosen ; ces trois ont été maréchaux de France à bon titre, aussi bien que M. de Mont-Revel. Je ne finirois pas, si je pouvois me souvenir de tant d'autres qui l'auroient mérité.

Il faut encore que je dise à mes enfans que le Roi étant venu au siège de Grai, j'appris que le nommé Grisuel, Allemand de naissance, capitaine de cavalerie dans le régiment de Thiange, se retiroit du service. Le marquis de Thiange qui a toujours été de mes amis, m'en avertit pour demander cette compagnie : je la demandai : le Roi me l'accorda d'abord, mais M. Dartagnan, mon commandant, me dit que la paix s'alloit faire, et que je ne me repentirois pas de rester dans la compagnie des mousquetaires. Il m'étoit arrivé une aventure au siège de Dôle : M. de Roquelaure étant de jour à la tranchée, et la demi-lune devant être attaquée cette nuit, il l'avoit fait reconnoître ; mais n'étant pas content des rapports qu'on lui en avoit faits, je lui dis : « je m'en approcherai de si près, que je « vous en apporterai des nouvelles très sûres, ou

Son aventure au siège de Dôle.

« j'y demeurerai ». Je pris donc mon chemin du côté de la gorge, et ayant trouvé deux palissades que notre canon avoit emportées, après avoir prêté l'oreille et n'entendant rien, j'eus la témérité d'entrer et d'aller jusqu'au corps de garde qui n'étoit que de mauvais ais de sapin où il n'y avoit pas une âme. Je retournai faire mon rapport, on se retrancha sur mon avis, parce que si l'on étoit entré dans la demi-lune et que l'on se fut mis dans le corps de garde, tout ce qui y auroit été auroit péri, tout étant préparé sur la courtine pour écraser tous ceux qui seroient entrés dans la demi-lune. Cela me fit assez d'honneur. Nous voilà donc en paix par le moyen du Pape et des Hollandais qui n'aimoient point notre voisinage.

Je ne parlerai point de l'affaire que le Roi eut avec un autre Pape à l'occasion du duc de Créqui, son ambassadeur, et de cette colonne que le Roi fit élever dans Rome ; non plus de ce qui arriva en Angletere entre le baron de Vuateville, ambassadeur d'Espagne, et M. d'Estrade, ambassadeur de France. Ce baron avoit apporté des Anglais pour couper les traits des chevaux du carosse de notre ambassadeur ; cette nation brutale n'empêcha pas que le Roi n'eût toute la satisfaction qui lui étoit due. Les histoires sont pleines de ces deux évènemens qui ont fait craindre la puissance du Roi jusqu'en Turquie et jusqu'à Siam, dont il eut des ambassadeurs.

Quelques années de paix se sont passées avant que de recommencer la guerre, qu'on appela la guerre d'Hollande, et avant que d'en expliquer le sujet, il ne faut pas oublier des évènemens fort glorieux pour le Roi. Ce prince magnifique en tout n'avoit pas seulement d'excellens généraux et officiers dans ses troupes de terre, mais encore dans celles de mer. MM. d'Estrée, de Tourville, de Chateau-Renaud qui sont devenus par leurs exploits maréchaux de France, et cela sur des nations qui passoient pour être maîtresses de la mer. Un Duquesne, homme au-dessus de toutes les récompenses, et à jamais fameux par la défaite de ce célèbre Ruiter, le plus grand homme de mer qu'ait jamais eu la Hollande.

Mais voici une des choses qui fit grand éclat et qui donna grande réputation au Roi : la République de Gènes lui ayant donné quelque mécontentement, on vit bientôt cette orgueilleuse République presque réduite en cendres, et son doge obligé de venir à Paris demander pardon au Roi, ce qui fit dire, quand on lui demandoit ce qu'il pensoit de Paris, ou ce qu'il y trouvoit de plus remarquable, quand on lui en faisoit voir les beautés, il dit : « que la chose qui lui paraissoit la « plus extraordinaire à Paris, c'étoit d'y voir « un Doge de Gènes ». Ce pays a été autrefois à la France, et c'est le maréchal de Boucicault qui en a été le dernier gouverneur ; mais ce sont de si mauvaises gens qu'après s'être retirés de l'obéissance de nos rois, je ne sais à quelle occasion ils prirent envie d'y revenir, et envoyèrent pour cela à Louis XI, et voici la réponse que leur fit ce prince.

ou du moins à leurs envoyés : « Vous venez, dites-« vous, pour vous donner à moi, et moi je vous « donne à tous les diables, allez-vous en, je ne « veux point de gens tels que vous ». Voici comme j'ai ouï parler d'eux en Italie ; ils disent d'eux : « *Gente senza fede, monte senza herbe, donne « senza vergogna, mare senza pesce* ». Suivons M. Duquesne à Alger.

Les Algériens étoient les plus grands et les plus robustes pirates de toutes les mers ; ils prenoient tout ce qu'ils rencontroient de quelque nation qu'on fût. Le Roi les envoya visiter par M. Duquesne ; il les battit, bombarda leur ville, et les réduisit si bien, qu'ils vinrent demander pardon au Roi, et rendirent tous les esclaves qu'ils avoient faits : mais si tous ces succès rendoient le Roi redoutable, ils lui attiroient en même tems bien des jaloux.

Thurin. Voici une affaire qui, par la suite, a causé de grands maux. M. de Louvois, toujours tout puissant auprès de son maître, obtint la charge de Grand-Maître des Postes. On vit d'abord les ports de lettres augmenter de plus de moitié, ce qui faisoit que cette charge lui valoit plus de deux millions. Comme il faisoit traiter par le Roi les petits souverains ses voisins haut la main, il s'avisa de faire établir un bureau à Thurin. M. le duc de Savoye, qui ne vouloit pas se brouiller avec le Roi, avec lequel il étoit en bonne intelligence, lui fit dire qu'il lui feroit plaisir de mettre son bureau dans le faubourg, ce que cet insolent ministre refusa, de sorte que M. le duc de Savoye, pour éviter toute brouillerie, avala ce calice tout amer qu'il étoit.

Presqu'en même tems, ce ministre causa une révolte en Vivarais. Non seulement il avoit les postes, mais encore il obtint qu'il seroit le maître de tous les chevaux de louage pour en tirer un tribut considérable ; car celui qui avoit ces chevaux étoit, par son crédit, exempt de tailles et autres charges. Dans le Vivarais et les Cévennes, ce sont gens fort remuans, et comme les charettes ne peuvent aller dans leurs montagnes, et qu'on ne s'y sert que de mulets ou de chevaux de bât, M. de Louvois porta un grand préjudice à leur commerce. Dès qu'ils s'en apperçurent, ils se soulevèrent, cassèrent ses bureaux, chassèrent ses Receveurs, pillèrent (après s'être attroupés sous un nommé Roure) plusieurs châteaux, assiégèrent celui d'Aubenas où nous avions des Suisses quand nous allâmes dans cette province (qui étoit celle de M. de Louvois) pour y faire la guerre. D'abord nous secourûmes ce château, après avoir battu Roure à la Ville-Dieu.

Ce malheureux général, qui n'avoit presque que de l'infanterie, l'alla porter dans la seule plaine qui est parmi les rochers, et comme nous n'avions presque que de la cavalerie, je vous laisse à penser comment ces révoltés passèrent leur tems ? On en tua tant qu'on voulut. Roure se sauvant en Espagne, fut arrêté près de Bayonne, ramené et roué comme plusieurs autres. Il y avoit un château où il y avoit une bonne tour ; il étoit gardé par une centaine d'hommes de leurs meilleures troupes ; ce château s'appeloit Montréal ; c'étoit où ils avoient retiré tout ce qu'ils avoient pillé partout, et surtout à la grande foire de Boquaire qu'ils avoient dévalisée.

Notre général qui était M. Le Breton, soldat de fortune, mais homme brave et très entendu, créature de M. de Louvois, voulant avoir ce château de Montréal, me donna deux détachemens de deux compagnies de mousquetaires et la compagnie de M. de Verneuil, gouverneur de Languedoc, pour l'aller investir ; je fus assez heureux, après avoir reconnu que la Tour n'avoit pas de défense, pour m'en approcher de fort près sans rien risquer ; ceux qui étoient dedans furent si étonnés qu'ils se rendirent, ce qui fit plaisir à ce général, lequel, après en avoir fait beaucoup pendre, et surtout les plus apparens d'Aubenas, leva ses troupes, et pour lors je m'en revins à Paris avec la compagnie des mousquetaires.

estir le châ- ontréal.

Le Roi sut par M. d'Artagnon ce qui m'étoit arrivé dont il me sut gré ; n'ayant pas voulu profiter de la moindre chose de ce qui se trouva dans ce château, un des mousquetaires du Roi de la 1re compagnie dont j'étois, après avoir, comme tous ceux du détachement, fait leurs affaires du mieux qu'il leur fut possible, voyant que je n'avois pas voulu seulement entrer au château, étant demeuré pour bien faire garder mes prisonniers, en attendant M. Le Breton, ce mousquetaire vint

orte un sif- tin.

à moi et me dit le plus gentiment du monde : mon officier, puisque vous ne voulez profiter de rien, il faut cependant que vous ayez quelque chose, c'étoit un sifflet qu'il me donna. Voilà tout ce que j'eus de ce château où il y avoit bien à prendre.

Au retour de cette expédition, le Pape invita le Roi d'envoyer un secours en Candie qui étoit fort pressé ; le Turc avoit déjà pris aux Vénitiens le royaume de Chipre, et comme celui de Candie qui s'en alloit perdu approchoit encore le Turc plus près de la chrétienneté, le Pape offroit en même tems un secours considérable pour joindre à celui que le Roi enverroit ; mais comme Sa Majesté ne vouloit pas se brouiller avec le Turc qui avoit bien maltraité notre ambassadeur, à cause du secours qu'il avoit donné à l'Empereur, il fut convenu que le secours seroit commandé par le neveu du Pape et que le nom français n'y paraîtroit pas.

Le Roi donc, sous les ordres de M. de Noailles, fit préparer les vaisseaux qui seroient commandés par M. le duc de Beaufort, notre amiral. Le secours fut composé des meilleures troupes du Roi, deux détachemens de 200 hommes des deux compagnies des mousquetaires et l'autre par M. de Momberon, tous deux bons officiers et très braves. Les deux maréchaux de camp furent M. de Choiseuil et M. de Colbert, l'un et l'autre dignes de cet emploi. Il y eut aussi, parmi les autres troupes, six compagnies du régiment des gardes qui furent cause, par une terreur panique, que la sortie qui avoit si bien réussi d'abord, fut à la fin très malheureuse.

Le duc de Beaufort qui avoit voulu être de la fête, quoiqu'il dût demeurer sur les vaisseaux, y périt, on n'a jamais su comment. Je ne fus point de ce voyage, n'étant point en tour de marcher, et bien m'en prit, car plus de la moitié de mes camarades y demeura.

Les six compagnies du régiment des Gardes contribuèrent à cette déroute. Morosini, gouverneur de Candie, y eut bien sa part : il avoit promis cinq cents hommes pour la sortie et des travailleurs ; il n'en donna pas un. Quand M. le duc de Noailles vit cette conduite, il ne douta pas que cet Italien n'eut envie de faire périr ce beau détachement, outre qu'il avait sa capitulation presque faite. Après 50 jours que nos troupes et principalement les mousquetaires eurent fait des actions d'une extrême valeur, dans une place toute ouverte, on se rembarqua pour venir en France, où ce fourbe Italien manda au Roi mille impostures qui firent que M. de Noailles fut disgracié.

ratif contre la e.

Pendant que toutes ces choses se passoient, le Roi ne perdoit pas un moment à faire achever les fortifications de toutes les places qui lui étoient restées en Flandre ; il fit faire avec des dépenses immenses, des citadelles à Lille, à Tournay, à Arras ; il faisoit faire à touts moments des revues et l'exercice à ses troupes. M. Demartinet avoit mis une telle discipline dans l'infanterie qu'un soldat n'auroit osé sortir de son rang, crainte d'être châtié, et les officiers même. Toutes ces dépenses n'empêchoient pas qu'on ne fit de bons magasins de toutes choses : le Roi ayant fait faire du canon à Douai, toute l'Europe étoit en attente de ce qui devoit arriver.

Il y avoit à Paris un Josué Vaubuning, ambassadeur de Hollande, homme vain et insolent. Il appeloit le Roi, le Roi des revues, et comme les Hollandois avoient travaillé à la paix de l'Espagne et arrêté le cours des prospérités du Roi, cet insolent fit battre une médaille où, dans les revers, on voyoit un Josué qui faisoit arrêter le soleil, qui est la devise du Roi. Le Roi fut entièrement piqué de cette impertinence. Les Hollandois voyant que la foudre, suivant les apparences, alloit tomber sur eux, révoquèrent cet ambassadeur et envoyèrent Grotius faire des excuses, mais il n'étoit plus tems, et celui de leur perte étoit arrêté par les mauvais conseils de M. de Louvois qu'il a toujours donnés et que le Roi a toujours suivis préférablement à ceux de M. le Prince et de M. de Turenne.

Le Roi résolut donc de se venger de l'insolence des Hollandois, sans avoir aucun égard aux satisfactions de M. Grotius, homme sage et fort estimé dans la République : d'ailleurs, se voyant dans un état où jamais Roi de France ne s'étoit trouvé, glorieux de tant de succès, voyant sous son règne les arts et les sciences montés à leur dernière perfection ; pour la guerre, les plus excellens généraux ; dans les sciences, des savans du premier ordre ; des orateurs, des poètes, des peintres qui surpassoient même les idées ; et lui honoré, respecté et craint de toutes parts.

Guerre en

On voyoit cependant que la nuée alloit crever sur la Hollande sans qu'aucune puissance osât dire mot : ces ingrats ne se souvenoient plus du secours que le Roi leur avoit donné en 1664, contre l'Evêque de Munster, qui les maltraitoit cruellement, et à qui on fit faire la paix aussitôt que M. de Pradel eut conduit les troupes du Roi à leur secours, non plus que de ceux de nos Rois qui, par leur assistance d'hommes et d'argent, ont seuls contribué à leur liberté. Enfin, l'heure étant venue qu'ils devoient être châtiés (en 1672) et que le Roi avoit assuré dans toutes les Cours que ce n'étoit que pour cela, M. de Louvois en fit manquer l'occasion au Roi, très mal à propos, pour le bien et l'honneur de toute la France.

Trois grosses armées partirent en même tems, les vivres, l'argent, le canon et toutes les choses nécessaires pour une grande expédition. Celle du Roi, commandée par M. de Turenne, celle de M. le Prince, commandée par lui-même, et la plus petite qui étoit la troisième, par M. le comte de Choiseuil, destinée pour aller joindre M. l'Evêque de Munster.

On oublia pas M. de Vauban, lui qui a sauvé tant de gens à tant de sièges par son savoir faire. Il semble qu'il soit né des gens uniques dans toutes les professions pour rendre le règne du Roi glorieux. Si M. de Louvois s'étoit renfermé aux seuls détails de la guerre, il eut été de ces hommes uniques dont nous parlons, mais il a voulu conduire les armées et les faire agir : ce n'étoit pas son fait.

M. le Prince prit sur la droite de la Meuse, l'armée du Roi sur la gauche, et M. de Choiseuil avoit pris les devants par Limbourg, pour se joindre à l'Evèque de Munster. Lorsque le Roi fut dans le pays de Juliers, M. le duc de Nembourg, souverain de ce Duché, vint saluer Sa Majesté. Il étoit campé, je veux dire ses magnifiques tentes étoient tendues tout du long d'une grande allée des plus beaux et des plus hauts peupliers qu'on puisse voir nulle part. Il dina avec le Roi, et j'étois un des officiers de garde, ce jour-là, chez le Roi. Ce prince, en admirant sa personne et sa puissance, dit à Sa Majesté : « Vous m'avez fait rendre à la paix des « Pirennées ce Duché par les Espagnols à quoi je « ne m'attendois pas n'ayant pas seulement pensé « à y envoyer personne ; permettez que je l'offre « comme tous les autres Etats, de bon cœur, et « par reconnaissance, à Votre Majesté ». Comme il avoit amené les principaux seigneurs et les deux princes ses fils avec lui, ils furent tous régalés à la Royale, et jamais, en ma vie, je n'ai vu tant de trompettes, de tambours et de hautbois qui jouoient les uns après les autres avec douze violons. Après cela, je me souviens et l'entendis, lorsqu'il demanda au Roi de combien de gens ses armées étoient composées, à quoi le Roi répondit : « Monsieur, « je paie actuellement deux cent cinquante mille « hommes, sans comprendre la marine, les garni- « sons, les vivres et l'artillerie ».

M. d'Aligny de garde au diné du Roi.

Nous voilà en deux jours devant Orsoy qui fut la première place attaquée par le Roi et prise en trois

Le Roi prend Orsoi.

jours de tranchée ouverte. M. de Turenne, qui étoit de l'armée du Roi, s'étoit avancé à Hurich et à Kimberg. Il prit cette dernière place qui tint plus longtems que Hurich. Nous y arrivâmes avant sa prise ; cependant M. le Prince assiégeoit Vezel, place des plus considérables, et le fort de la Lippe qu'il prit aussi : et M. le comte de Choiseuil qui avoit joint M. l'Evêque de Munster assiégèrent Gral et Louum qu'ils prirent aussi sans grande résistance.

La bravoure des Hollandois ne répondit guère aux bravades de Vaubuning. Toutes ces places prises en si peu de tems auroient autrefois soutenu des siéges de trois à quatre mois.

Après la conquête de ces places, qui nous coûtèrent si peu, le Roi forma un dessein digne de lui : c'étoit d'entrer dans le Bétant, le meilleur pays et le cœur de la Hollande, pendant que M. le Prince, suivant le Rhin, alla prendre Rès et Emérick, et pendant que Monsieur iroit sur l'Issel qui est l'ancienne fosse de Brutus, prendre Dresbourg et Zut-Phen, pour entrer dans la Velune ; et pendant que Monsieur prendroit ces deux places, l'Evèque de Munster avec M. de Choiseuil prendroit Deventer et Cunol, toutes places considérables sur l'Issel.

passé le 672.

Tout cela fut pris en très peu de tems, et voilà par ces prises l'Issel passé, dont nos ennemis se vantoient de nous avoir fait une barrière ; ce qui les mit encore plus au désespoir, ce fut lorsqu'ils virent le Roi passer le Rhin sous le fort de Tolhus, passage qui a fait un des plus beaux jours de la vie du Roi. M. le comte de Guiche, un des plus accomplis seigneurs de la Cour, étoit un des lieutenants-généraux de notre armée. Il n'avoit que de grands desseins en tête. Ceux qui ont parlé de lui n'ont pas encore assez loué sa valeur. C'est lui qui sondat le Guet, et à ce guet, il falloit nager plus de 300 pas. Mais je dirai en peu de mots que M. le Prince nous ayant joint avec son armée dont M. le comte de Guiche étoit un des lieutenants-généraux, ce prince tout plein de feu, ne manqua pas d'avertir le Roi de ce Guet, et aussitôt le passage fut résolu, quoique Monbas, l'un des lieutenans-généraux des Hollandois, fut de l'autre côté, avec des troupes considérables tant de cavalerie que d'infanterie.

Les Mousquetaires passent le Rhin en escadron.

L'ordre étant donné aux troupes pour passer, il se noya du régiment de Bligny, qui étoit de la brigade des cuirassiers, plusieurs cavaliers qui n'étoient pas si bien montés que nos deux compagnies de mousquetaires ni que les cuirassiers. Il y eut une chose digne de remarque à ce passage, à l'honneur de la première compagnie dont j'étois, c'est qu'elle passa en escadron, comme font les Tartares, quand ils passent la Boristêne. Aussi nous ne perdîmes qu'un seul mousquetaire arrivé de la veille et dont le cheval étoit fatigué ; il étoit provençal ; les troupes qui perdirent le plus furent celles qui passèrent à la file. Nous eûmes encore un de nos mousquetaires qui fut brûlé par les poudres que les ennemis abandonnèrent à l'autre bord, où quelqu'un mit le feu.

Le Roi, voyant passer ses troupes si gaiement, et comme si elles n'eussent passé qu'un petit ruisseau, voyant les ennemis sur l'autre bord pour nous recevoir, tous mouillés que nous étions, fit venir deux petites pièces de canon qui firent un grand bien et favorisèrent merveilleusement notre passage. M. le Prince, impatient d'être déjà à l'autre bord, passa dans un petit batteau avec M. le Duc et M. de Saint-Paul, son neveu ; pour M. le comte de Guiche, il passa à la nage à la tête de ses troupes.

Les ennemis firent bonne contenance jusqu'à se mettre dans ce fleuve jusqu'au poitral de leurs cheveaux, mais cela ne dura pas longtems, puisqu'ils nous laissèrent aborder sans nous tuer plus de 20 ou 30 cavaliers, entre lesquels fut M. le comte de Nogent. MM. de Vivonne et de La Salle furent blessés.

La cavalerie des ennemis s'étant retirée derrière des clos et des jardins où étoit leur infanterie, M. le Prince, avec ceux qui étoient passés avec lui, prit les premières troupes qu'il rencontra et cria armes à bas, M. le comte de Saint-Paul, qui étoit près de lui, commença, en tirant son pistolet, à crier : « Point de quartier ». Ce cri d'un jeune homme lui coûta la vie, et une blessure à M. le Prince qui apporta grand dommage aux affaires du Roi.

Cette infanterie qui ne pouvoit se retirer, voyant qu'on ne vouloit point lui donner de quartier, fit sa décharge dont le comte de Saint-Paul fut tué, prince digne d'être regretté, et le prince de Condé blessé, et d'autres encore, mais aussi on ne leur fit aucun quartier. Montbas, lieutenant-général des Hollandois, fut arrêté pour avoir mal fait son devoir et on lui auroit fait couper la tête à l'heure même, s'il n'avoit pas été le beau-frère de Grotius, qui le fit évader après une prison de quelques mois.

Le Roi, qui ne perdoit pas un moment, fit son pont dans le même endroit où les troupes destinées au passage l'avoient effectué ; il y avoit une grande quantité de pontons d'airain. Rien n'étoit si beau que son parc d'artillerie. Il étoit conduit par M. Dumay, unique pour l'artillerie, comme M. de Vauban pour l'attaque des places ; mais il y en avoit encore deux qui n'auront jamais leurs pareils, c'étoit M. de Chanloy pour les campemens, et M. Jacquier pour les vivres.

Le Roi loue la première compagnie des Mousquetaires.

Toute l'armée étant passée, le Roi loua fort ceux qui étoient passés à la nage, et principalement la première compagnie des mousquetaires qui avoit passé en escadron. Le fil de l'eau de ce grand fleuve fort rapide fut rompu par cet escadron et fit que nous passâmes sans perdre qu'un seul homme, pendant que les autres troupes qui avoient passé à la file perdirent bien des gens. Ce fameux passage attira à notre aumônier des louanges de la part de M. le cardinal de Bouillon, et une réprimande à tous les autres aumôniers de la maison du Roi, dont pas un n'osa passer. M. le cardinal de Bouillon, comme grand aumônier, est l'Évêque de la Cour en campagne.

L'armée étant donc partie dans le Bétant, pays le plus riche de l'univers, je vous laisse à penser si le soldat, le cavalier et le dragon manquoient de vaches grasses, aussi grosses en ce pays-là que nos plus gros bœufs en Bourgogne, de moutons et de toutes sortes de vivres.

Le Bétant étant une grande île entre le Rhin et le Waul, le Roi détacha M. de Turenne pour aller faire le siège de Nimègues, la place la plus importante qui soit sur ce fleuve, et le Roi marcha droit à Arnheims sur le Rhin. Ce fut M. le comte Duplessis Choiseuil, fils du maréchal, qui en fit l'investiture, où il fut tué d'un coup de canon. Ce fut un vrai malheur, car c'étoit un très bon lieutenant-général. Il avoit perdu son aîné à la bataille de Rethel que gagna son père, la plus importante qui fut gagnée en ce tems là : car s'il eût été battu, l'archiduc entroit en campagne où il n'y avoit ni troupes ni places qui eussent pu l'arrêter. M. de Turenne trouva de la résistance à Nimègues, mais à un tel général, rien n'est impossible. En huit jours de tranchée ouverte, il se rendit maître de cette importante place. Arnheims ne se défendoit pas si bien.

Monsieur perdit au siège de Dœsbourg M. Martinet d'un coup de canon. C'est à lui que l'on a l'obligation du rétablissement de la discipline dans l'infanterie. Un capitaine aux gardes suisses, nommé Soury, fut tué du même coup, et encore l'aîné des fils de M. de Larey.

Je ne dis rien de quantité de petites places que

ces armées séparées réduisirent à l'obéissance du Roi, dont on faisoit les garnisons prisonnières de guerre, sur quoi M. de Louvois fit faire une faute au Roi, de la dernière importance, contre l'avis de M. le Prince et de M. de Turenne.

Faute de M. de Louvois.

Le fait est que, dans toutes ces places prises, il se trouvoit bien trente mille prisonniers. Nos grands généraux qu'il en falloit croire disoient au Roi de les envoyer travailler au canal qui se faisoit en Languedoc pour joindre les deux mers. Ce ministre, qui vouloit régler des choses hors de sa portée, l'emporta, et, pour 60,000 écus, on relâcha ces 30,000 hommes qui joignirent le prince d'Orange, et nous ont fait dans la suite une si bonne guerre. Mais ce n'est pas là la seule faute que ce ministre ait fait faire au Roi.

Autre faute de M. de Louvois.

Voici encore un vrai malheur dont M. de Louvois fut la cause : il y avoit malheureusement dans l'armée le maréchal de Rochefort, parent et créature de M. de Louvois, homme peu capable de grands emplois. M. le Prince étant demeuré à Reths pour se faire panser d'un coup qu'il avoit reçu au passage du Rhin, auroit poussé en avant par la Velune, d'où l'on prit les places sur le Zuinderzée, comme Hardervuich, Méfort et autres, tant sur la mer que dans Velune, ce qui n'étoit pas difficile, puisqu'elles ne firent qu'ouvrir leurs portes. Le Roi envoya ce maréchal de Rochefort, et avec lui ses deux compagnies de mousquetaires, et comme c'étoit pour faire un coup de parti, le ministre Louvois lui fit donner les meilleures troupes, dans la pensée que son parent feroit ce que M. le Prince auroit fait, s'il n'avoit pas été blessé, mais les ouvriers étoient différens. Il s'arrêta par une ignorance crasse, à Utrech, au lieu de marcher à Meydon, où sont les écluses. Ce mauvais général croyant avoir fait merveille de prendre Utrech, l'une des plus belles villes de l'Europe à la vérité, et qui ouvrit ses portes comme les autres villes qui étoient petites. Il y séjourna tant qu'il donna le tems à ceux d'Amsterdam de lâcher les écluses, ce qui fit manquer cette fameuse capitale de la Hollande qui n'auroit pas fait la moindre résistance, ce qui auroit fini cette guerre, puisque malgré cette énorme faute, ils envoyèrent au Roi des députés qui étoient campés à Zut et lui offrirent la carte blanche.

Voici encore une autre faute de M. de Louvois bien plus grande, contre le sentiment de nos généraux qui vouloient que le Roi acceptât des offres aussi raisonnables; mais ce ministre traita avec un tel mépris les envoyés de Hollande qu'ils s'en retournèrent. Ce ministre mettoit en tête au Roi la monarchie universelle de l'Europe, que Philippe II et Charles-Quint, son père, y avoient bien aspiré avec bien moins d'apparence d'y réussir. Mais ce ministre étoit aussi ignorant en géographie qu'en politique. Il ne savoit pas que cet empereur de l'Allemagne (trois fois plus grande que la France), de l'Espagne, de l'Italie, par ses royaumes de Naples et de Sicile, et du duché de Milan, des dix-sept provinces des Pays-Bas qui valoient la France en ce tems-là, et enfin Roi du Nouveau-Monde, six fois plus grand que la France ; quelle apparence de réussir dans son projet, et quelle différence de puissance, pour pouvoir espérer, comme l'espéroit Charles-Quint, parvenir à cette monarchie universelle ?

Dans ce tems, on massacra à La Haye les deux With, très excellens républicains. Le prince d'Orange se rendit maître par là des forces de terre et de mer. Statouder de Hollande et de trente mille prisonniers dont M. de Louvois lui faisoit présent moyennant soixante mille écus, cela joint avec ce qu'il avoit mis sur pied, il composa un corps d'armée considérable, reprit Mardin, et se vint camper à Unourde. De là, la chance tourna, et le Roi, par la grande quantité des places qu'on avoit prises, où l'on laissoit des garnisons, contre l'avis des généraux, par le conseil de M. de Louvois, toujours contrepointé avec M. de Thurenne, affaiblit ses armées. Ces grandes armées réduites à peu, et d'ailleurs sachant que toutes les puissances de l'Europe armoient, sur ce que Sa Majesté, en dénonçant cette guerre, avoit affirmé que ce n'étoit que pour châtier l'insolence des Hollandois, et qu'on voyoit au contraire que le Roi se comportoit en conquérant, les Hollandois étant assez châtiés, jusqu'à venir demander miséricorde au Roi ; enfin le Roi et son ministre sont obligés de s'en retourner à Versailles, et en s'en retournant, il voulut voir si Bois-le-Duc feroit comme les autres places. Il vint camper à Bontel qui n'en est qu'à une lieue ; mais

Autre faute de M. de Louvois.

tout étoit changé. Le gouverneur savoit que le prince d'Orange étoit à la tête d'une grosse armée; que ceux qui vouloient obtenir la paix par des offres honteuses étoient morts ; que l'inondation couvroit Amsterdam et La Haye ; enfin que Brandebourg pour remerciement des places que le Roi lui avoit rendues de son duché de Clèves, comme Vezel, Burick, fort de la Lippe, Rès, Émérick et encore d'autres que les Hollandois lui retenoient, étoit déjà en marche pour la Hollande ; tout cela donna du cœur à cette République. Ils ne parlèrent plus que de se défendre.

etourne à Le Roi voyant donc que, par les fautes que lui avoit fait faire M. de Louvois, il ne pouvoit plus demeurer avec honneur dans ce pays-là, prit le parti de s'en retourner, et laissa l'armée sous les ordres de M. de Turenne, mais il n'étoit plus tems.

Ayant séjourné huit jours au camp de Bontel, il prit pour son escorte nos deux compagnies de mousquetaires, ses gendarmes, ses chevau-légers avec ses gardes du corps, et ce qu'il voulut amener à Versailles. On traversa les provinces qui appartenoient à l'Espagne. Le roi d'Espagne, voyant que le Roi, contre ce qu'il avoit promis par son manifeste, se mettoit sur le pied de conquérant, non seulement retenant les places, mais encore n'ayant pas voulu écouter les députés de Hollande qui lui apportoient la carte blanche, dès ce moment, Villahermosa eut ordre de se mettre en état de se déclarer. Ils nous laissèrent passer et repasser sans rien dire : je veux dire repasser nos deux compagnies de mousquetaires et quelques régimens de cavalerie et de dragons ; car le Roi ne nous mena que jusqu'à Landrecy et nous renvoya à M. de Turenne qui fut obligé de s'opposer à l'Electeur de Brandebourg ; mais, meilleur politique que M. de Louvois, voyant un si formidable voisin, il le ménagea. M. de Luxembourg avoit été chargé de faire tête au prince d'Orange, ce qui fit remplir les postes des troupes que le Roi avoit renvoyées de son escorte. J'étois un des plus près de ce Prince, puisque, depuis le fort où je commandois, je voyois les feux de l'armée du prince d'Orange.

Les deux compagnies de Mousquetaires continuent la guerre.

M. de Luxembourg fit d'Utrecht sa place d'armes et fit la guerre tout l'hiver où il fit des choses si extraordinaires sur les glaces, que je n'ose presque me hasarder à les écrire, quoique j'en aie été témoin. Nos deux compagnies de mousquetaires ne quittèrent point M. de Turenne qui repoussa M. de Brandebourg jusque dans son pays que nous mangeâmes une partie de l'hiver, c'est-à-dire son pays de la Marke et ce qu'il a en Vestphalie, contrée où la guerre n'avoit pas été depuis bien longtems: aussi M. de Turenne, pour consoler les troupes d'une si longue marche dans un hiver aussi rude, disoit en passant à la tête des bataillons : « Mes « amis, je vais vous mener dans un pays où il n'y « a pas une vitre cassée. » Mais rien ne satisfaisoit tant les troupes que de voir faire, avec si peu de monde, des manœuvres de guerre qu'il n'appartenoit qu'à M. de Turenne de faire pour la subsistance de ses troupes qui ne touchoient d'argent, il se séparoit, nos ennemis voulant et croyant en prendre davantage; à l'heure qu'ils y pensoient le moins, ils nous trouvoient rassemblés, comme par une espèce d'enchantement. Plût à Dieu que le Roi eût renvoyé son ministre, ou plutôt qu'il ne l'eût jamais amené; on auroit fait la plus glorieuse campagne qu'on eût jamais faite; on auroit châtié les Hollandois; on ne se seroit pas attiré toute l'Europe sur les bras, car l'Empereur ne tarda guères à se déclarer et à marcher effectivement.

Turenne ...tre l'Em-

M. de Turenne songea à faire tête à ce nouvel ennemi. Il nous conduisit dans le Vestreval par où nous devions nous en approcher. Etant parti de ses quartiers près de Cologne, dans le pays de Bergemont, qui appartient au Brandebourg, l'un des plus puissans princes d'Allemagne, et les ayant rassemblés, M. de Turenne nous fit partir un soir, et s'étant mis à la tête de notre compagnie de mousquetaires, qui se trouva la première troupe de son armée, les gardes du corps, les gendarmes, les chevau-légers étant retournés à Versailles avec le Roi. Je me souviens qu'il y eut un officier général, je crois que ce fut M. le comte de Roye, son neveu, l'un des meilleurs lieutenants généraux qu'il eût dans son armée, et le meilleur seigneur que j'aie jamais connu; M. de Turenne lui dit: « Vous ne « mettez personne devant vous? » Alors, il dit à M. de la Rivière qui commandoit en l'absence de M. d'Humières qui étoit interdit pour vouloir, comme MM. de Créqui et de Bellefond-Roulerance,

l'emporter sur M. de Turenne que le Roi avoit fait Maréchal-général : « Commandez, dit-il, trente « mousquetaires du Roi. » Ce détachement étant fait, nous n'eûmes pas marché dans la montagne trois quarts de lieue, que le comte de Dono, avec un détachement de troupes impériales venant aux nouvelles, se rencontra avec notre détachement, et comme l'on vint au : Qui vive ? ce seigneur dit : « Vive l'empereur. » Un de nos mousquetaires, nommé Reneusale, gentilhomme de Picardie, lui tira un coup de pistolet, en lui disant : « Voilà pour l'empereur. » Ce seigneur mourut du coup une demi-heure après.

Il arriva que pendant que M. de Turenne consoloit ce seigneur, qui étoit son parent, et qui juroit comme un charretier embourbé qu'on l'assassinoit, ou qu'on l'avoit assassiné (je ne me souviens pas bien duquel), c'étoit un coquin de gendarmes écossais, comme on ne voyoit pas encore bien clair, qui s'étoit fourré parmi nous, et qui, lui ayant remarqué un beau diamant dans un doigt, ne le lui pouvant arracher, lui coupa le doigt : il fut fort regretté de M. de Turenne et de tous nous autres.

La rigueur de la saison où nous étions (au mois de janvier), arrêta tous les évènemens, et toutes les troupes se retirèrent de part et d'autre. Nous secourûmes Charleroy, car M. le prince d'Orange, ayant repris Harden, et ayant mis toutes choses en état du côté de la Hollande, s'apercevant que M. de Montale, gouverneur de Charleroy, n'y étoit pas, forma le dessein de la prendre avant qu'elle put être secourue. La garnison, au reste, étoit très petite. M. le prince d'Orange l'investit ; ce que M. Demontale ayant appris, il prit trente reîtres bien assurés et se jeta dans la place, ce qui ne lui fut pas difficile, n'y ayant point de ligne de circonvallation et encore moins de contrevallation ; et comme M. de Turenne en fut particulièrement averti, il détacha du camp de Berne-Castel (où M. le Prince nous étoit venu joindre avec M. le Duc après la guérison de sa blessure) M. Delanson, lieutenant des gardes du corps et brigadier avec la maison du Roi, pour ce secours ; mais le prince d'Orange ne nous attendit pas. Ainsi on alla chercher du repos après une si longue campagne, pour se préparer au siège de Meistricht.

SITUATION DES PUISSANCES VOISINES

Pendant la Guerre de la Hollande

Il ne seroit peut-être pas hors de propos de dire un mot de la situation où étoient les puissances voisines, lorsque nous partîmes avec ces armées formidables, au mois de mai 1672, et après que le Roi eût fait publier un manifeste qui ne tendoit qu'à châtier les insolens.

L'Angleterre

Je commencerai par les Anglois, quoique nos plus anciens ennemis ; non-seulement ils s'en réjouirent, parce que les Hollandois leur avoient bien appris à se défaire de cette vaine qualité de souverains de la mer que les Anglois s'attribuoient, mais encore ils nous donnèrent deux régiments, les plus beaux et les meilleurs du monde, savoir : celui du prince de Monmoult qui y ètoit en personne, et celui d'Amilthon, dont M. de Sureil ètoit lieutenant-colonel. Il est devenu bien fameux dans la suite, sous le nom de Malboroug.

L'Espagne.

Les Espagnols n'en furent pas plus fâchés que ces insulaires. Les Hollandois ètoient des révoltés d'Espagne, et ces républicains les maîtrisoient et leur reprochoient que c'ètoit eux qui les avoient tirés de nos pattes à la guerre pour les droits de la Reine.

L'Italie.

En Italie, le Pape surtout y applaudissoit, dans l'espérance que les catholiques étant en liberté, de plus, étant maîtres de ces pays hérétiques, il se pourroit que la propagation de la foi auroit lieu. En effet, il se trouva à Utrecht qu'il y avoit, dans cette belle et grande ville, autant de petites paroisses que de sectes. A Montfort où j'étois, il n'y en avoit qu'une, c'ètoit un calme travesti, mais le tiers de la ville, plus grande que Beaune, étoit catholique ; et comme M. le cardinal de Bouillon fit faire à Utrecht une magnifique procession le jour de la Fête-Dieu, j'en fis faire aussi une à Montfort, et c'est là où je connus ce que m'avoit dit le carme, qu'il y avoit le tiers de catholiques. Tout le reste

M. d'Aligny fait faire à la Fête-Dieu une procession.

étoit, comme dans les autres villes de la Hollande, de plusieurs sectes d'Anabatistes, de Puritains, de Remontrans, de Contre-Remontrans, et enfin de tant d'autres sectes du Calvinisme et du Luthéranisme.

...e.

Quant à l'Empereur et à l'Empire, ils n'en furent pas fâchés, les Hollandois étant devenus si fiers qu'ils prétendoient se mêler de tout et s'égaler aux têtes couronnées. Il n'y eut que les Vénitiens et les Gênois, à cause des intérêts des républicains, qui n'en disoient rien, mais qui n'en pensoient pas moins.

...ronnes du

Quant aux couronnes du nord, les Hollandois voulant s'emparer du commerce de toutes les côtes, tant des Indes orientales qu'occidentales, ce qui faisoit souffrir leur commerce, elles étoient ravies qu'on leur donnât une bonne touche ; mais elles ne vouloient pas qu'on les détruisît, comme M. de Louvois prétendoit faire.

Meistricht.

Préparons-nous donc au siège de Meistricht qui fut vraiment un siège royal. Sur la fin de la campagne précédente, on y avoit fait du dégât. M. de Rochefort, ce parent et créature de M. de Louvois, l'avoit commencé avec plus de douze mille hommes, ce qui ne l'empêchoit pas d'être toujours sur ses gardes contre la garnison et de faire travailler les troupes d'une manière qu'on ne les reconnaissoit plus. Quoique la garnison ne fût pas en état de lui donner le moindre échec, nos deux compagnies de mousquetaires furent assez malheureuses, retournant de reconduire le Roi jusqu'à Landrecy, que de repasser près de Mastricht pour aller joindre M. de Turenne ; ce général ignorant et timide nous arrêta près de 15 jours, ce qui nous fatigua si fort que cela a fait dire faussement, dans les mémoires d'Artagnan, force mensonges ; en ce que les compagnies s'étoient dissipées par le peu de considération qu'on avoit pour M. de la Rivière qui les commandoit. C'étoit un brave homme, très bon, et qui assista de sa bourse tant qu'il put des gentilshommes qui avoient mal ménagé la leur, et qui ne pouvoient avoir des nouvelles de leurs parens. Il est vrai que quelques-uns étoient démontés et ne purent venir joindre M. de Turenne : voilà à quoi aboutit tout ce qu'en disent les mémoires d'Artagnan. Enfin nous fûmes délivrés des mains de M. de Rochefort ayant eu ordre de se retirer. Nous allâmes joindre, en Vestphalie, un bien autre général qui étoit M. de la Feuillée, avec deux régimens de cavalerie, il acheva de mieux faire que ce mauvois général n'avoit fait avec douze mille hommes. Aussi M. de Lafeuillée, gentilhomme de Bourgogne, étoit un très bon officier de cavalerie. Il n'étoit que brigadier en ce tems-là : il est mort lieutenant-général.

Aventure de M. d'Aligny.

Il m'arriva, pendant que nous fûmes à ce dégât ou faux siège, comme on le nommoit quelquefois, une aventure. Un jour que j'étois de garde, M. de Somardie, qui commandait un régiment dans Mastricht, vint à mon corps de garde faisant semblant de chasser avec trois ou quatre autres et cria à ma vue s'il y avoit quelqu'un qui voulût faire un coup de pistolet. En m'avançant à lui, je vis une carabine qu'il avoit. Je lui criai que cela étoit vilain et qu'il eût à la tirer, ce qu'il fit sur moi et me manqua, puis s'en alla fort confus, à ce que je crois.

J'aurois à me reprocher si, avant que de finir la campagne de 1672, quoique nous soyions au 15 janvier 1673 encore en campagne, je ne parlois pas d'une chose qui fit faire tant de raisonnement et surtout dans notre armée : ce fut de voir M. le Prince et M. le Duc arriver dans un tems hors de saison, les ennemis aussi bien que nous, ne songeant qu'à prendre nos quartiers d'hiver. D'abord, on ne manqua pas de dire, comme l'on fit par toute la France, que M. de Louvois, voulant un mal extrême à M. de Turenne, lui vouloit donner cette mortification ; car la vanité et la jalousie le possédant également, il ne pouvoit digérer d'avoir vu le Roi des heures entières par jour entretenir ce grand homme. Il étoit si vain qu'il croyoit tout au moins devoir être en tiers, quoiqu'il ne sût rien en politique, ni à la conduite d'une guerre. Son génie étoit borné au détail de sa charge de secrétaire d'Etat de la guerre, qu'il auroit fort bien faite s'il ne s'étoit voulu mêler que de la faire, mais il vouloit être maître de tout, et à la fin a tout gâté, comme on le verra par la suite, et a fait une mauvaise fin. Il se trompa bien s'il espéroit que M. de Turenne fît la moindre démarche qui pût préjudicier au service du Roi et de l'État. Il en agit, en cette rencontre, tout autrement que ne l'avoit espéré ce mauvais François qui ne se soucioit d'autre

D'Aligny et Letort vont à la découverte.

chose que de contenter ses passions. Mais voici ce que M. de Turenne fit, sitôt qu'il eût appris que ces deux princes venoient : il nous envoya, le sieur Letort et moi, avec un parti de 200 reîtres choisis et des mieux montés de la maison du Roi, pour apporter le plus promptement que faire se pourroit, des nouvelles de l'ennemi qui avoit fait un pont près de Mayence, apparemment pour aller prendre leurs quartiers d'hiver par delà le Rhin. M. de Turenne les ayant obligés, par son savoir faire, de n'en pouvoir prendre par deçà, afin d'être à même d'avertir M. le Prince, à son arrivée, de l'état de nos ennemis.

Nous partîmes donc, Tort et moi, du camp de Berne-Castel sur la Mozelle, où l'on avoit fait un pont. Nous avions tout le Vestrival à passer, et j'avois ordre d'obéir au sieur le Tort, lorsque nous nous joindrions. Ce fut à Bingen que nous reçûmes les premiers avis que les ennemis avoient décampé et rompu leurs ponts, que M. de Turenne avoit ordonné que nous vissions, ou l'endroit où ils avoient été construits, ce que Tort ne fit pas, contre mon avis, disant que M. de Turenne vouloit des nouvelles promptes pour les donner à M. le Prince à son arrivée. Je m'arrêterois trop, si je voulois dire tout ce qui nous arriva chez le Prince de Cimbre, beau-frère de M. de Brandebourg, où Tort me mena encore malgré moi. C'étoit à Creusenat où Tort fut reconnu pour être des troupes de France.

Ils vont chez le Prince de Cimbre.

Mais comme ce fameux partisan s'étoit tiré de

bien d'autres affaires, même d'une, jusqu'à la potence à Courtray, il se tira encore de celle-ci, et moi aussi qui avoit été assez sot de laisser ma troupe et voici : lorsque M. le Prince de Cimbre l'eut reconnu (car c'était lui-même Tort, lorsqu'il étoit officier des gardes du corps, que M. de Turenne mit auprès de ce Prince de Cimbre, lorsque quelques années auparavant, il étoit venu à Paris, pour que Tort lui fît voir tout ce qu'il y avoit de considérable dans les maisons royales), il lui dit donc : « qu'il étoit François et que c'étoit lui-même que M. de Turenne avoit mis auprès de lui, et lui avoit donné, lorsqu'il étoit venu en France, et que notre général M. de Turenne l'envoyoit encore à lui pour lui dire qu'il avoit fait un pont sur la Mozelle à Berne-Castel, pour entrer dans ses Etats et qu'il eût à mettre à couvert ce qu'il avoit de plus précieux afin qu'il lui fût conservé. » Voilà comme par cette bourde nous nous tirâmes d'affaires, car on n'avoit pas d'autre envie que de se retirer : mais comme ce prince savoit ce pont fait, il crut aisément que M. de Turenne pourroit par là le venir visiter, et au lieu qu'il pouvoit aisément nous arrêter, il fit mille remerciments à Son Altesse. Voilà comme les Princes allemands traitoient M. de Turenne tant ils l'estimoient.

Etant donc de retour, nous apprîmes que M. de Turenne avoit envoyé M. le comte de Guiche au-devant des Princes leur faisant dire la joie qu'il auroit d'obéir à S. A. S. et à M. le Duc, ce qui pensa faire enrager M. de Louvois. Voilà la manière dont cet homme, sans passion que pour le bien de l'Etat, avoit pris la chose.

Mais on disoit bien d'autres choses qui n'avoient que trop d'apparence : c'est que ce ministre, ayant refusé avec tant de hauteur les soumissions des Hollandois, ne prévoyoit pas, comme M. le Prince et M. de Turenne, qu'il allât attirer sur les bras de son Maître toutes les puissances de l'Europe, en le faisant aller directement contre sa parole donnée dans son manifeste, voyant qu'en si peu de tems il avoit changé et mis tant de troupe sur pied. Le prince d'Orange, d'un autre côté, commençoit à reprendre plusieurs places et avoit eu un dessein sur Charleroy, qui ne manqua que par les prompts secours qu'on y fit marcher. On prétend donc que tout cela fit tourner la tête à ce mauvois ministre et qu'il crut déjà aux portes de Paris ce Prince d'Orange qu'il avoit si fort méprisé d'un côté, et les Allemands de l'autre ; c'est sur cette frayeur qu'il avoit obligé le Roi d'envoyer M. le Prince au fort de l'hiver, lorsque toutes les troupes ne cherchoient qu'à se reposer, sans autre motif que sa terreur panique et le plaisir de mortifier M. de Turenne. Quel malheur pour la France et pour le Roi de n'avoir pas, dès ce tems-là, connu le génie de ce ministre dont la portée étoit courte. M. Le Tellier, son père, qui étoit pour lors chancelier, et que le Roi estimoit, corrigeoit souvent son fils et lui reprochoit ses défauts, son orgueil, ses emportemens, sa brutalité, mais tout cela ne servoit de rien.

gny va ren- e aux Prin-

Dès que je fus arrivé, mon premier soin fut d'aller rendre compte à M. le Prince de ma commission. Il étoit dans l'Abbaye de l'autre côté où étoit notre compagnie. Je le trouvai couché sur un matelas devant un grand feu. « Il me demanda si ce « pont que je venois de passer étoit refait, car les « glaces en avoient emporté quelques bateaux. Je « lui dis que oui et que j'étois des premiers qui y « avoient passé. » « Et comme son quartier venoit « d'être brûlé, il me demanda qui l'on disoit y avoir « mis le feu ? Je lui dis qu'on en accusoit les « Suisses. — Voilà mon courtisan, me dit-il, voilà « mon courtisan, et moi je te dis que ce sont mes « gens. Comment se porte M. le chevalier Quarré, « et que fait-il à présent ? » (il avoit eu l'honneur d'être son gouverneur avant M. de Maigrin.) Le cardinal de Richelieu ne voulut pas souffrir davantage mon oncle qui ne s'étoit pas voulu donner à lui (ce chevalier étoit propre frère de mon père). « Je lui dis là-dessus que je le croyois à Aligny, « près d'un bon feu. » Car il faisoit un cruel hiver.

Mais pour dire encore quelque chose de ce voyage, quelle étoit la politique de M. de Louvois de rompre en visière à M. de Turenne qu'il savoit être aimé et estimé de son maître et très nécessaire, pour s'attacher à M. le Prince que le Roi estimoit assurément, mais qu'il n'aimoit guères, ne pouvant oublier que ce Prince lui avoit voulu ravir la couronne pendant les guerres civiles. Je crois que M de Louvois n'aimoit ni M. le Prince ni M. de Turenne, ils lui faisoient trop d'ombrage.

Voilà donc les troupes retirées. Les nôtres se préparoient au siège de Mastricht, et celles de nos ennemis à nous traverser.

1673. — Préparatif de guerre.

Le Roi s'appercevant trop des fausses démarches que son ministre lui avoit fait faire, et voulant soutenir la gageure, commença, dès les premiers jours de l'année 1673, à ordonner que les recrues seroient faites, à distribuer des commissions tant de cavalerie que d'infanterie, et fit de nouveaux régimens de dragons.

Quand tout cela fut ordonné, l'on apprit que le Parlement d'Angleterre vouloit que leur Roi retirât ses troupes, ce qu'il ne fit pas encore, par les instances de Mlle Duquerois qui étoit la maîtresse de ce prince, qui n'a pas eu son pareil pour aimer le bon vin et les jolies femmes.

Cette demoiselle étoit très belle, et ce fut lorsque Mme d'Orléans, sœur de ce prince, l'alla voir, qu'elle y mena avec elle cette fille dont il devint amoureux, et qui ne tarda pas à aller rejoindre son amant, ce fut après notre retour de notre campagne qu'on appeloit la campagne des brouettes. » Cette demoiselle para la botte du Parlement, et M. le duc de Monmoult demeura encore en France pour cette campagne. Il étoit fils naturel de ce prince et l'un des plus aimables cavaliers du monde.

Le Roi vient au siège.

Les troupes dont Sa Majesté vouloit se servir dans ce siège de Mastricht étant prêtes à partir, l'on se mit en marche. On traversa la Flandre espagnole, laquelle n'étoit pas en état de nous arrêter. M. le comte de Lorge fut détaché pour faire l'investiture de Mastricht du côté des pays bas, pendant qu'un autre lieutenant-général, dont j'ai oublié le nom, l'investit du côté de l'Allemagne ; et toute l'armée que le Roi en personne conduisoit, arriva deux jours après la place investie. Cette investiture se fit dans le plus bel ordre du monde. Aussi M. le comte de Lorge en étoit-il très capable. La compagnie de mousquetaires du Roi étoit de ce détachement et M. de Vauban, sur qui le siége devoit rouler, y fut avec plusieurs ingénieurs, avec M. Delorge, et entre autres, le nommé Paul qui avoit été aux Hollandois et avoit travaillé à fortifier cette place. Il n'avoit point d'équipages, et comme je le connaissois, pendant la route, je le logeois toujours avec moi.

Comme M. de Vauban étoit un de mes voisins à Aligny (Vauban est un petit fief qui n'en est pas éloigné) nous marchions toujours ensemble. En arrivant, il reconnut la place qui est située sur la Meuse, où il y a un pont de pierre qui la sépare de Unik, qui est très bien fortifiée Cette place étoit déjà très considérable des tems de César par sa situation, et s'appeloit : *Trajectum ad Mozam* : C'est par Unik que le prince Maurice l'attaqua, lorsqu'il la prit. On appelle Utrecht : *Trajectum ad Rhenum*.

Ce qu'il y a de particulier dans cette investiture, c'est que le lieutenant-général qui la fit du côté de Unik, arriva à la même heure que M. le comte de Lorges. M. le duc d'Orléans, frère du Roi, commanda pendant le siège de ce côté-là de la Meuse. Il y avoit dans Mastricht pour Gouverneur le sieur Farjot que les Hollandois y avoient mis. Il étoit de Valenciennes, fils d'un brasseur de bierre, bon officier d'infanterie. Il étoit major de cette place, lorsque M. le maréchal de Turenne et de Laferté l'assiégèrent avant la paix des Pyrennées. Ce dernier, (lorsque le grand Condé qui étoit pour lors avec les Espagnols força les lignes du côté de M. de Laferté qui y fut fait prisonnier et que le siège fut levé, ne pouvoit s'accorder, (disent ceux de ce temps-là) ne pouvoit s'accorder avec M. de Turenne qui, prévoyant ce qui arriveroit, avoit voulu lui envoyer quatre régimens de son armée qu'il refusa, et qui auroit pu empêcher qu'il ne fût pris prisonnier, ce malheur lui arriva par sa faute.

Mais pour revenir au sieur Farjot qui avoit donné à ce siège des preuves d'un officier vaillant et entendu à la défense d'une place, c'est ce qui fit que les Hollandois jetèrent les yeux sur lui pour défendre Mastricht avec une garnison de 8,000 hommes. Cette place est grande. Tous les bastions, demi-lunes, contre escarpes, fausses brayes, chemins couverts, et tenailles sont en fort bon état. On fut huit jours sans ouvrir la tranchée et l'on employa ce tems à faire deux ponts, l'un au bas et l'autre au-dessus de la ville, pour avoir communication avec Monsieur qui travailloit comme nous à ses lignes de contrevallation.

M. de Turenne qui étoit parti en même tems que le Roi pour aller faire tête aux Allemands, afin que nous puissions faire ce siège à notre aise. M. de Luxembourg étoit chargé d'occuper M. le prince d'Orange, et ne laissa pas de relever un peu son parti, en reprenant plusieurs petites places. On coupa la tête au gouverneur de Nardenne pour sa mauvaise défense. Le comte de Lamotte, mon parent et mon voisin, qui étoit colonel du petit régiment de Navaille, eut un grand démêlé avec ce lâche gouverneur ; et le Roi, ayant su qu'il auroit arrêté ce gouverneur s'il avoit été aidé, et qu'il auroit continué à défendre la place, lui donna pour son petit régiment, celui de la Vieille-Marine, qui est un vieux corps.

entre les res de M. e.

Voilà où l'on en étoit de tout côté lorsqu'on ouvrit la tranchée et distribua des logemens. La cavalerie qui étoit dans la place ne se tenoit pas en repos : M. le comte de Somardie qui la commandoit, sortit un jour sur le régiment royal et le maltraita si fort qu'il en emportoit les étendards dans la place; mais malheureusement pour lui nos deux compagnies de mousquetaires du Roi se trouvant à cheval pour changer de quartiers, nous courûmes nous mettre entre Mastricht et M. de Somardie. Il y eut là un combat fort vif : il fallut non seulement relâcher les étendards, mais laisser bien des morts. Nous y perdîmes de notre côté M. d'Espagnol, maréchal des logis, et 20 mousquetaires du Roi, tant tués que blessés des deux compagnies. C'est ce même Somardie qui m'avoit manqué l'année dernière du côté de Wick. Comme ce comte avoit la terre de Chatillon en Nivernois qu'il avoit eue en mariage de Mlle de St-André Montbrun où il avoit demeuré quelque tems, il vouloit faire parler de lui, lorsque dans la sortie qu'il fit l'année dernière sur ma garde et qu'il me manqua d'un coup de carabine, disant qu'il venoit faire un coup de pistolet que je ne lui aurois pas refusé. Cette manœuvre ne lui fit pas plus d'honneur que l'autre. Il arriva encore d'autres petites affaires qui regardent ceux qui écriront l'histoire. Il y eut deux attaques, celle de la droite commandée par un lieutenant-général, et celle de la gauche commandée par un maréchal de camp. La première s'ouvrit par des chemins creux, et la seconde du côté du bas de la Meuse.

Les premiers jours de tranchées ne coûtèrent pas beaucoup; M. de Vauban, en ce siège comme en quantité d'autres, a sauvé bien du monde par son savoir faire. Du tems passé, c'étoit une boucherie que les tranchées, c'étoit ainsi qu'on parloit ; maintenant, il les fait d'une manière qu'on y est en sûreté comme si l'on étoit chez soi. On ne les savoit pas faire de manière à n'être pas enfilés, et on avoit ignoré, jusqu'à M. de Vauban, ces places d'armes si propres à repousser les sorties. Enfin ce merveilleux ingénieur a si fort perfectionné son métier qu'il est devenu maréchal de France.

Le Roi, à ce siège, étoit toujours à cheval, ordonnant tout et faisant tout exécuter. Notre artillerie étoit servie sous les ordres de M. Dumay. Il y avoit entre autres une batterie que l'on nommoit la batterie du Montal qui ne fut pas une des moindres pour l'effet. Celle de la place fut aussi très bien servie. Il falloit qu'ils eussent aussi de très bons pointeurs, car nous ayant obligés à faire des épaulemens, ils étoient si adroits qu'ils faisoient faire le bond à leurs boulets, lesquels, par ce moyen, passoient par-dessus les épaulemens, faisant un très grand fracas, en sorte qu'il ne demeura pas un seul cheval dans ma brigade et quoique je fusse campé à la queue comme les officiers, je ne fus pas exempt de ce malheur, puisque je perdis presque tous mes chevaux. Le Roi en étoit si près, qu'un jour étant de garde, le tambour s'étoit entortillé dans les replis de la grande salle pour dormir. Je vis venir un boulet qui rouloit comme ces boules qui n'ont quasi plus de force, cependant nous allâmes voir s'il n'étoit pas blessé, nous trouvâmes que son sommeil seroit éternel et qu'il ne se réveilleroit plus. Il y eut plusieurs petites sorties repoussées avec des pertes de part et d'autre peu considérables, sans y avoir perdu aucun officier de distinction. C'est là toute l'histoire du commencement de ce siège.

Je viens aux derniers jours de ce siège ; ce fut la veille de la Saint-Jean. M. de Vauban ayant assuré le Roi qu'on étoit à portée d'attaquer la demi-lune avec la contre-escarpe de l'attaque de la droite, le Roi voulut faire l'honneur à M. le duc de Montmoult que cette attaque se fît de jour, mais comme ce jeune prince ne s'étoit jamais trouvé à pareille fête, le Roi nous fit monter la garde avec son régiment qu'il aimoit presqu'autant que ses mousquetaires.

Il étoit commandé par le comte de Momberon, fort bon officier d'infanterie, Brigadier de jour ; nous avions encore le régiment de la couronne, mais tout rouloit sur M. d'Artagnan, notre commandant si connu et si estimé de tout le monde.

A l'attaque de la gauche, étoit M. de Montal, maréchal de camp. Il avoit ordre seulement de faire une fausse attaque pour favoriser la nôtre. Tout étant donc disposé, on n'attendoit plus que le signal qui devoit être donné à dix heures par trois coups de canon de la batterie de Montal, aussitôt on en vint aux mains avec les ennemis qui firent une très belle défense. Nous ne laissâmes pas que d'emporter cette demi-lune et la contre escarpe, et de nous y loger; mais cela nous coûta bien du monde. M. de Maupertuis, notre cornette, eut la main percée, et 25 mousquetaires y furent tués ou blessés. Cinq capitaines de régiment du Roi y furent tués sans ceux du régiment de la couronne, et il y en eut un grand nombre de blessés.

Je fus assez heureux pour n'être pas blessé, non plus que M. d'Artagnan, quoique nous ne nous fussions pas épargnés, dont le Roi fut fort content.

Sitôt que nos logements furent en état et qu'il fut jour, comme cet aimable prince qui témoigna beaucoup de valeur pendant toutes ces attaques, commandoit aussi à la gauche comme général de jour, M. d'Artagnan dit à ce prince : « Monsieur, « il faut envoyer un officier à l'attaque de M. de « Montal, savoir en quelle état elle est. » (J'ai dit ci-dessus que M. de Montal avoit eu ordre de ne faire qu'une seule attaque) et comme j'étois près de ces messieurs, M. d'Artagnan dit : Mon prince, il faut y envoyer d'Aligny, il est ami et voisin de M. de Montal (il est vrai que nous sommes si voisins qu'il y a plusieurs petits villages et hameaux qui sont à moitié à lui et à moitié à moi). J'y fus donc et je lui dis que je venois de la part de M. de Monmoult savoir ce qu'il avoit fait : il me dit fort tristement qu'il avoit fait tuer bien du monde, mais qu'il n'avoit fait sortir les mousquetaires de la 2e compagnie, qu'il avoit voulu d'une fausse attaque en faire une véritable. C'étoit un homme tout plein de valeur, mais qui entendoit mieux à défendre une place qu'à l'attaquer. Je lui répondis qu'ayant attiré bien du feu sur lui, cela avoit favorisé notre attaque.

ny est en- le Montal.

Je fus donc à la tête de son travail où je rencontrai ce petit Paul qui étoit de son attaque ; il étoit le plus intelligent des ingénieurs après M. de Vauban ; comme je le connaissois très particulièrement, après m'avoir dit en quel état étoient les travaux de la gauche, pour en rendre compte, je lui dis : « Je te trouve tout triste. », à quoi il me répondit : « C'est que M. de Castellane doit « arriver ce soir, et je ne serai plus rien ici », en même tems que je lui disois adieu, il reçut un coup de mousquet dans le front qui le tua sur le champ.

Je revins donc trouver notre général de tranchée et lui rendis compte de la commission qu'il m'avoit donnée. C'étoit sur les huit heures du matin. M. de Montbron qui étoit fort agissant, disoit à M. d'Artagnan que M. de Lafeuillade qui devoit relever M. de Monmoult ne manqueroit pas de faire travailler à une barrière et la faire terrasser. M. d'Artagnan qui en savoit plus que lui, lui répondit : « Nous avons fait le logement de la demi-« lune et de la contre-escarpe. M. de Lafeuil-« lade fera ce soir comme il l'entendra, ne son-« geons qu'à boire à la santé du Roi : Mon Prince, « dit-il à M. de Monmoult, il ne faut pas que nous « fassions venir nos dinés à la même heure, afin « que tous les officiers de la Tranchée nous puis-« sent faire raison de la santé du Roi. » M. de Monberon fut bien de cet avis, mais il revint encore à la charge sur cette barrière, sur quoi M. d'Artagnan que M. de la Feuillade feroit ce qu'il jugeroit à propos, que si l'on envoyoit bien du monde là, qu'ils seroient vus sur la demi-lune, et que l'on feroit tuer bien des gens ; que cela pourroit donner envie aux assiégés de faire une sortie qui nous coûteroit encore, mais toujours M. de Monbron s'opiniâtroit et disoit que ce qui se pouvoit faire aujourd'hui, ne devoit pas se remettre à demain. Alors M. d'Artagnan lui dit en colère : « Faites donc faire le détachement, mais je « crains fort que vous n'attiriez une affaire mal à « propos. » En effet, trois heures ne se passèrent pas sans voir le plus furieux combat qu'on ait ouï parler, puisqu'il n'a fini que faute de combattans. Je m'étois réservé avec mon cher capitaine qui m'aimoit comme son fils. M. le maréchal d'Artagnan et son cousin qui commande à présent les mousquetaires, le savent bien, et rendront témoignage, ils m'honnorent l'un et l'autre de leur amitié.

Le détachement que M. de Monbron avoit voulu faire travailler à cette barrière fort mal à propos, y perdit beaucoup de monde, et on ne sait si c'est à cette occasion que Forjot voulut à quelque prix que ce fût reprendre la demi-lune. Il ne composa sa sortie que d'officiers, de sergents, et et de très peu de soldats choisis et éprouvés, sachant que les deux compagnies des mousquetaires du Roi étoient de tranchée, et en ayant éprouvé la valeur la nuit précédente à la prise de cette demi-lune et au logement de la contre-escarpe, car la seconde qui étoit à l'attaque gauche avec M. de Montal n'eut point de part à l'action dont je viens de parler.

Auparavant, il faut dire que nous avions laissé dans la demi-lune de quoi la bien défendre. Sur la fin de notre dîner, M. d'Artagnan qui avoit l'oreille à tout, nous dit : « Il me semble que voilà un four- « neau qui joue à la demi-lune attaquée : il la faut « reprendre avant que nos ennemis s'y soient ré- « tablis. » (Il leur fut fort aisé de couper la gorge à tout ce qui trouva dans cette demi-lune.) M. d'Artagnan dit à St-Léger qui commandoit la compagnie après lui : « Qu'on donne à d'Aligny 30 mous- « quetaires du Roi et 60 grenadiers tant du régi- « ment du Roi que de celui de la couronne, et « qu'on ne laisse passer qui que ce soit que ce qui « est ordonné, et me dit en partant : Va attaquer

'Aligny va ...tachement.

« la demi-lune par où nous l'avons attaquée la nuit « dernière, et tu auras bientôt de mes nouvelles. »

Je partis donc avec ce détachement et en arrivant à cette demi-lune à la pointe, nos ennemis y firent encore jouer un fourneau si bien qu'il enterra quelques-uns de mes gens et me renversa seulement sans me faire aucun mal. Nos ennemis fiers d'avoir repris cette pièce qui n'avoit plus de forme par la quantité de fourneaux qui y avoient joué et qui ne laissoit pas d'avoir de la hauteur, il fallut la valeur de ces 30 mousquetaires et 60 grenadiers, que je peux dire avoir fait des merveilles, pour entrer dans cette demi-lune, combattre des officiers vainqueurs, et enfin les tuer tous, mais non pas sans perdre la moitié de mon détachement et le reste quasi tout blessé. Je fus emporté avec une grande blessure au bas-ventre et dix autres petites, tant d'éclats de grenades que de piques.

L'ennemi capitule et rend Mastricht.

Farjol n'ayant plus d'officiers, capitula le lendemain. Le Roi, après une si glorieuse conquête, avoit pendant trois jours qu'il demeura au camp de Mastricht, fait raser les lignes, et ordonné qu'on réparât ce que notre canon avoit ruiné : il y fit faire même quelques ouvrages nouveaux, pour perfectionner cette place.

Je n'oublierai pas surtout cette magnificence que ce prince faisoit paroître en tout ce qu'il faisoit. C'étoit l'hôpital de l'armée où je fus porté et où j'appris la mort de M. d'Artagnan et celle de presque tous mes camarades tués ou blessés. Si on mouroit de chagrin, en vérité j'en serois mort. Ce brave M. d'Artagnan, ayant bien jugé que je trouverois à qui parler pour ne pas manquer de reprendre cette demi-lune qui décida de la prise de la place, sortit à couvert pour la prendre par la gorge pendant que je l'attaquois par la pointe, et si l'on n'eût pas travaillé à cette maudite barrière, il seroit encore en vie, car ce qu'on y avoit fait se trouva tout juste contre nous et c'est en la franchissant qu'il reçut le coup qui le tua tout roide.

Peu de gens auroient pris un parti aussi hasardeux que celui qu'il prit, mais en l'état où étoient les choses, malgré ce que les courtisans en disoient que c'étoit une témérité de jeune homme, cependant la grande valeur de M. d'Artagnan et des braves mousquetaires ont acquis Mastricht au Roi, et Sa Majesté écrivant à la Reine, lui parloit en ces termes : « Madame, j'ai perdu d'Artagnan, en « qui j'avois la plus grande confiance et qui m'étoit « bon à tout. » Aussi quand on arrêta M. Fouquet, surintendant des finances, qui tenoit par des pensions presque tous les grands seigneurs, le Roi jeta les yeux sur d'Artagnan pour arrêter et pour garder Fouquet, ce qui fit fort murmurer les capitaines des gardes du corps, les commandans des gendarmes et des chevau-légers, auxquels Sa Majesté répondit : « qu'il ne voyoit qu'Artagnan « qui fut tout à lui. »

J'ai dit ci-dessus qu'après avoir été blessé à Mastricht, je me fis porter à l'hôpital de l'armée. Je ne saurois dire autre chose de cet hôpital, sinon que si j'avois été dans la maison de ma mère et qu'elle eût eu 20 mille livres de rente avec la meilleure volonté du monde, je n'aurois pas mieux été, tous les officiers de même, et les soldats à proportion.

Il ne faut pas douter que la conquête de Mastricht n'ait mis en jalousie nos ennemis contre nous. Les Espagnols qui voyoient qu'ils alloient être attaqués dans les Pays-Bas, qu'on nomme la Flandre, commencèrent à se déclarer. Mais jusqu'à la paix de Nimègues, le Gouverneur de la Flandre pour le Roi d'Espagne recevoit si peu d'argent de son maître qu'il ne pouvoit presque fournir à rien. L'empereur qui avoit vu prendre Mastricht sans donner aucun signe de vie, ni attaquer M. de Turenne qui le tenoit en échec, vit bien qu'il lui falloit d'autres troupes que celles qu'il avoit pour faire la guerre à la France.

Le Roi laisse M. d'Estrade gouverneur à Mastricht.

Le Roi laissa pour gouverneur à Mastricht M. le maréchal d'Estrade. Sitôt qu'on m'eût porté à l'hôpital, ce seigneur me fit l'honneur de m'y venir visiter et de m'offrir sa bourse dont je n'avois pas besoin. Il savoit la part que j'avois eue à la prise de la demi-lune, le Roi m'ayant fait donner une gratification, comme à tous les officiers blessés ; et il me fit encore donner pour mes chevaux tués ou blessés 200 écus.

Le Roi en partant avoit laissé M. le maréchal d'Estrade dans cette place importante. C'étoit un gentilhomme dont on pouvoit dire qu'il étoit difficile de décider en quoi il étoit plus habile, où au métier de la guerre ou à celui du cabinet et des négociations.

M. le cardinal Mazarin qui étoit le Maître des grâces ne voulut pas le faire maréchal de France avant la paix des Pyrennées, quoiqu'il le méritât mieux que cinq ou six autres qu'on honora de cette dignité : on l'avoit fait seulement capitaine-général avec M. Duxelles. C'étoit seulement pour les mettre au-dessus des autres lieutenants-généraux. Voilà une grande distinction dans la guerre. Ses ambassadeurs où il a fait voir tant de savoir faire et une politique si déliée, il fut mis à la tête de nos plénipotentiaires à Nimègues, lorsqu'il fut question d'y traiter la paix qu'il conclut d'une manière si honorable à la France, puisqu'il fit par cette paix séparée avec la Hollande, que l'Empereur, l'Espagne et les autres puissances furent contraints de faire chacun la leur comme il plut au Roi. Cet homme admirable finit ses jours bien peu de tems après la conclusion de cette paix.

Je me suis un peu étendu sur M. de l'Estrade et sur M. d'Artagnan parce qu'on a de la peine à trouver de meilleurs François. L'un laissa un fils qui fut gouverneur de Dunkerque qu'il vendit dans la suite à M. le marquis de Grancey. M. d'Artagnan en laissa deux que le Roi fit élever et les fit sous-lieutenants aux gardes françaises. L'un a eu les biens de la mère qui sont les terres de Classy et de Sainte-Croix et l'aîné a eu les terres de Béarn qui sont très considérables. Il les a eues par la mort de M. le comte de Castelmore, son oncle, gouverneur de Navarre : il étoit l'aîné de M. d'Artagnan, notre commandant.

Au reste, ceux qui croiroient trouver la véritable histoire de M. d'Artagnan dans un livre intitulé *Les mémoires d'Artagnan*, seroient bien trompés, l'auteur de ces mémoires ne l'a jamais connu et il mériteroit une punition exemplaire d'imputer à un homme d'une si grande importance toutes les aventures romanesques qu'il lui plait d'en conter, aventures pour la plupart indignes même des gens les plus ordinaires : en voilà assez pour discréditer ce menteur.

Le Roi va en Loraine et en Alsace.

Le Roi alla, après le siège de Mastricht, faire un tour en Alsace, et en chemin faisant, donner des ordres en Loraine dont on avoit non-seulement dépouillé le prince si changeant, mais qui avoit même été sur le point d'être pris. MM. de Luxembourg et de Duras avoient eu le soin de retirer les troupes qui étoient si fort dispersées en tant de places qu'on avoit prises sur les Hollandois : ils firent pour cela conduire à Gand tous les canons, et les munitions même les otages ; il n'y avoit pas d'autre parti à prendre dans ce moment.

M. de Louvois, contre l'avis de M. le Prince et de M. de Turenne, n'avoit pas voulu qu'on envoyât en France toutes ces choses avec les 30 mille prisonniers, mais il n'étoit plus tems, et ces deux Messieurs, sans leur habileté, auroient eu bien de la peine à se retirer. Il n'y eut que les Anglois qui ne se déclarèrent pas, quoique leur Parlement le souhaitât très ardemment.

L'Empereur étant piqué contre M. de Turenne, fit à Cologne un coup non-seulement indigne d'un

Empereur, mais même de tout autre Prince. Nous avions dans cette place qui étoit neutre, cinq cent mille livres dont il se saisit et fit prisonnier le prince de Furstemberg, frère de l'Evêque de Strasbourg, sur ce que ce Prélat disoit qu'il étoit la seule cause de la guerre ; il en étoit bien quelque chose, mais l'Empereur ne devoit pas pour cela violer le droit des gens. Ce premier étoit à Cologne qu'on avoit choisi pour y faire la paix, s'il se pouvoit, avec d'autres envoyés.

Il se passa dans l'armée de M. de Turenne où il n'étoit pas, bien des petites rencontres ; tantôt l'une des parties battoit et tantôt l'autre étoit battue ; si nous avions de bons officiers, les Allemands n'en manquoient pas ; entre autres MM. de Capoara et Denval se faisoient remarquer. Mais voici le tems qu'il faut que tous aillent au quartier d'hiver pour se préparer à cette belle campagne que nous fîmes de tous côtés : ce fut celle de 1674.

tour du es. Le Roi de retour à Versailles ne songea qu'à se bien divertir pendant que M. de Colbert songeoit au nerf de la guerre qui est l'argent : il avoit auprès de lui un nommé Berrier, l'homme du monde le plus fécond en invention pour trouver de l'argent. L'on veut que ce soit dans ce tems que le Roi commença à se dégoûter de Mme de Montespan. Il en avoit déjà deux fils et deux filles que le Roi faisoit élever à la Royale. Le fils qu'il avoit eu de Mlle de La Vallière, qui s'étoit retirée au grand couvent des Carmélites de Paris, étoit mort. On l'appeloit le comte de Vermandois, et sa sœur étoit mariée au prince de Conti. Les deux filles de Mme de Monte pan ont été mariées à des princes du sang et le deux fils sont les plus grands seigneurs de Franc par les grands biens que leur père leur a faits ; le plus grands Gouvernemens et les plus grande charges de la couronne.

Cette dame, dans les plus urgentes nécessités c l'Etat, s'avisa de faire bâtir à une portée de cano de Versailles un palais de la plus grande magn ficence. Ses parens lui disoient tous : « Tant qu « vous serez la maîtresse du Roi, il vous tiendra « Versailles et non à Clagny, et quand vous ne « serez plus, il ne vous souffrira pas aussi près d « lui. » Ce qui arriva bientôt après, car le Roi qu étoit vigoureux et qui avoit pour femme la plu vertueuse et la meilleure princesse du monde, ma qui n'étoit pas belle, ne pouvoit se passer d'amou rettes. Il ne laissoit pas d'avoir de l'estime et d l'amitié pour la Reine. Il jeta les yeux sur une de moiselle très belle, mais d'un poil ardent. Elle s'ap peloit Mlle de Fontange et son nom de famille éto Descoroil. Elle avoit bien des parens de son nor en Bourgogne. Son règne ne dura pas longtem car étant accouchée, elle voulut se faire voir l même jour, ce qui lui coûta une perte dont ell mourut deux jours après. Si elle avoit vécu, ell auroit fait de belles dépenses au Roi, s'il l'avo voulu croire, car elle commençoit à dire qu'ell vouloit avoir un service d'or, à quoi Sa Majesté ré pondit que lui-même n'en avoit pas de pareil.

Voilà donc le Roi débarrassé de sa troisièm

maîtresse. Dans cet interval quelques-uns ont voulu que le Roi ait eu habitude avec la fille d'un jardinier de Versailles dont il y a eu une fille qui a été longtems inconnue à tout le monde et est dans un monastère de filles à Compiègne et dont elle est Abesse, mais moi qui étois dans ce tems-là dans la maison du Roi, j'ai su de bonne part qu'on faisoit trop d'honneur à la jardinière et que cette fille étoit d'une dame de la Cour, mariée et qu'on ne vouloit pas brouiller avec son mari. L'on a voulu dire encore que cette fille élevée à Compiègne étoit de la Reine, laquelle voyant un more nommé Augustin que le Roi aimoit fort, elle avoit fait une petite moresque. Enfin soit fille de la jardinière, de la Dame de la Cour, ou de la Reine, le Roi l'a reconnue sur ses vieux jours. Elle est Abbesse à Compiègne, si elle n'est morte depuis peu de tems et depuis la mort du Roi.

C'est assez parler de maîtresses et d'enfans naturels. Plût à Dieu pour le Royaume qu'il n'y en eût pas tant, car le Roi a fait pour eux des choses étonnantes et l'on a réformé les plus criantes et les plus outrées.

Trois puis-
tre le Roi.

Le Roi savoit qu'il auroit cette année 1674 les Hollandois, les Espagnols et l'Empereur en Flandre, le prince d'Orange à la tête des Hollandois, Monterey à la tête des Espagnols, et le comte de Souche à la tête des Impériaux.

Quand ce dernier se fut joint aux deux autres qui s'étoient fait attendre, leur armée faisoit plus de soixante-dix mille hommes. Le prince d'Orange étoit jeune, mais plein d'esprit et de valeur, et il auroit été un des plus grands hommes de son siècle s'il avoit été aussi grand homme de guerre qu'il étoit grand politique. Monterey n'étoit pas connu ni sous l'une ni sous l'autre de ces qualités. Quant au comte de Souche, il étoit né François, de La Rochelle, fils d'un apothicaire : il s'en étoit allé fort jeune en Allemagne servir l'Empereur, et par sa valeur et le talent qu'il avoit pour le métier de la guerre, il étoit parvenu jusqu'à commander l'armée impériale, après avoir fait de très belles actions et très utiles à son maître. Il avoit sous lui quantité d'officiers généraux qui étoient la plus part de ces petits princes d'Allemagne dont j'ai oublié les noms. Il les faut laisser assembler pour voir partir le Roi de meilleure heure pour la 2me conquête de la Franche-Comté. Il falloit pour cela qu'il n'eût rien à craindre du côté de l'Allemagne qui étoit la seule puissance qui pouvoit traverser ce grand dessein.

Le Roi va prendre la Franche-Comté.

M. de Turenne, sur la fin de la dernière campagne, avoit bien obligé nos ennemis de ce côté-là, comme je l'ai dit, non-seulement de repasser le Rhin, mais encore d'aller prendre des quartiers d'hiver dans le pays de la Cologne et de Franconie.

On avoit une dent contre cet Electeur et ce pays étoit fort éloigné de la conquête que le Roi se proposoit ; cependant avant que toutes les places de cette province fussent prises, nos ennemis croyoient qu'ils auroient le tems de les secourir. Le duc de Loraine qui avoit 2.000 chevaux pour toutes troupes, fut le premier à cheval pour le secours de cette province. Il ne manqua pas de solliciter Caprara d'être de la partie avec d'autres alliés et de sonder les Suisses pour avoir un passage, ce qu'ils ne voulurent pas accorder.

Nous avions surtout notre ange tutélaire, je veux dire M. de Turenne, qui fit assembler son armée près de Saverne pour les observer. Caprara vint passer à Monheim et poussa avec quatre mille chevaux M. de Bannière qui n'en avoit que cinq cents.

J'ai dit que M. Deloraine étoit fort piqué de ce qu'on l'avoit chassé de ses Etats : mais plein de grandes idées, il s'approcha de Reinfeld pour tâcher d'y passer et de se jeter dans le comté de Bourgogne, ne doutant pas que ses sujets qui en sont voisins ne vinssent le joindre et que les Comtois ne fissent une autre défense qu'à la première conquête qui en fut faite ; mais il se trompa. M. de Turenne s'étant approché de Bâle, tous les grands desseins s'en allèrent en fumée et nous fîmes cette seconde conquête sans être inquiétés que par les partisans qui tuoient tout ce qu'ils rencontroient à l'écart; aussi autant qu'on en attrapoit on les pendoit sans quartier.

...à l'at-...it de la ...sançon.

Dôle et Besançon se défendirent mieux qu'à la première guerre. Ce qu'il y eut de plus considérable fut l'attaque qui se donna au réduit de la citadelle. Le sort tomba encore sur moi pour en commander le détachement des mousquetaires du Roi. Je dis le sort, car nous ne marchions jamais qu'à notre tour. Chacun dans cette compagnie ne l'auroit pas laisser passer. C'étoit le jour de la Pentecôte à dix heures du matin qu'il faisoit une grande chaleur et qu'il falloit grimper sur un rocher. C'étoit M. de La Feuillade qui étoit lieutenant-général de jour, et pour maréchal de camp, M. le Chevalier de Loraine.

En attendant le signal dont j'étois fort impatient, je m'étois approché de si près des ennemis que nous les entendions parler et je reçus un coup de canon de la batterie Ste-Catherine, qui me tua un mousquetaire nommé Sauvin, et comme cette batterie croyoit apparemment que je fusse des ennemis, elle tira encore, mais sans me faire aucun mal, si bien que je n'ai jamais désiré le signal avec tant d'impatience, comme tout mon détachement.

Jamais on n'a vu une affaire plus sérieuse, d'aller en plein jour attaquer des gens aussi haut plantés ; mais quand le maître est dans son armée, rien n'est impossible aux François. M. le Chevalier de Loraine étoit de notre attaque qui étoit la gauche et M. de La Feuillade étoit à la droite avec le détachement du régiment des Gardes.

Besançon se rend.

Le signal étant donné, les deux détachemens partoient, mais comme je m'étois le plus approché je fus aussi le premier aux mains. Les mousquetaires du Roi ont cela de particulier qu'il y a bien plus de peine à les arrêter qu'à les faire aller en avant. Jamais il ne s'est vu une attaque si périlleuse et jamais une plus pitoyable défense. Le baron de Joie, gouverneur de la citadelle qui est très bonne, se rendit le lendemain de la prise du réduit. Il est vrai qu'il étoit battu par deux batteries *(a)* qui étoient sur deux montagnes, qui commandoient si fort la place qu'on ne pouvoit y paroître. Point de souterrains, pas même de la terre pour enterrer les morts. Les autres places ne firent pas grande résistance. Salins qui ne vaut rien, mais où il y a deux forts, celui de Braçon et celui de St-André qui est le meilleur. Il se fit battre et il y eut un capitaine aux gardes, nommé Marigny, qui y fut tué d'un coup de canon dans la tête dont les os donnèrent dans celle de St-Géran avec une telle violence qu'il en fut trépassé. Pour Besançon, à l'attaque de la ville, le colonel du régiment du Roi y fut tué. Il y eut aussi M. de St-Martial, mon camarade et comme moi officier dans là compagnie des mousquetaires du Roi, qui y fut tué. La conquête de la Franche-Comté s'étant terminée par la prise de Dôle, Gray ayant été pris de l'hiver dernier, et c'étoit M. le duc de Navailles qui en fit le siège. Massoitte étoit dans cette place et il n'avoit pas une garnison avec laquelle il pût faire quelque résistance. Cependant il ne laissa pas de faire si peur à Dijon qu'on y déclara l'éminent péril, ce qui fit que le Roi y envoya le duc de Navailles qui calma la peur de Dijon, et alla assiéger Gray en plein hiver et le prit. L'on a voulu que les Suisses aient souhaité celle de toute cette province, pour ne pas voir la guerre si près d'eux, ce qui avoit été la rai-

(a) M. Esmonin, de Beaune, officier d'artillerie, étoit venu à bout de placer ses batteries au dessus de ces deux montagnes.

son pour laquelle ils avoient refusé le passage au duc de Loraine. Ce Duc voyant donc qu'il avoit manqué son coup, ne songea qu'à se retirer des environs de Renfeld. Le comte de Caprara, de concert avec lui, se donnèrent rendez-vous près de Strasbourg et tâchèrent d'obtenir passage sur leurs ponts, ce qui leur fut refusé. Sur ce refus, ils prirent la route de Delbery où le duc de Bournonville les devoit joindre. C'étoit un des généraux de l'Empereur qui commandoit un corps considérable.

M. de Turenne s'étant rapproché de Saverne pour les observer, conçut un dessein digne de lui. Il fit faire un pont à Philisbourg et par une marche dont il ne s'en est guères fait de semblable, il joignit les ennemis à Ensim qui est une petite ville dans le Palatinat, presqu'à une égale distance du Rhin et du Néker.

Les deux armées étoient bien égales en nombre, mais la nôtre avoit plus d'infanterie et celle des ennemis plus de cavalerie, toutes vieilles troupes et la plupart des cuirassiers commandés par le duc de Loraine et le comte de Caprara, vieux et bon général. M. de Turenne de son côté avoit deux bons lieutenans-généraux, MM. de St-Abre et de Foucaut avec quatre maréchaux de camp dont deux étoient ses neveux, savoir : MM. les comtes d'Auvergne et Deroye. Le combat fut fort opiniâtre. Enfin il fallut céder à la force de nos troupes et ne fut jamais plus glorieux dans le commencement d'une campagne où l'on gagna une bataille au-delà du Rhin et on conquit une belle province.

Le Roi apprit par M. de Ruvigny, à St-Seine près Dijon, le gain de cette importante bataille, en s'en retournant à Paris. J'étois ce jour-là de garde. On y perdit M. de St-Abre, très bon lieutenant-général, et M. de Benisey, brigadier et commandant la cavalerie de Coulange avec plusieurs colonels de cavalerie. Les ennemis y perdirent près de 4,000 hommes, quantité d'officiers, dix étendards ; ainsi M. de Turenne chassa les ennemis par delà le Nazer.

J'ai dit que le Roi partant de Paris étoit très bien averti de ces trois armées qui se pouvoient joindre dans les Pays-Bas, pour venir, disoient-ils, prendre du vin de Champagne à Rheims et le boire à Paris.

ris ren-
squetai-
rince.

Sitôt que nous fûmes de retour à Paris, Sa Majesté nous fit partir pour aller joindre M. le Prince qui avoit assemblé son armée près de Charleroy, il étoit bien inégal en force, ayant tout au plus 45 mille hommes contre 75 mille, mais qui ne valoient pas le nom de Condé.

Dès qu'il sut que les trois corps dont j'ai parlé s'étoient joints près Notre-Dame de Hall, ce prince vint se camper au camp de Pietton qui est un très bon camp. Ces messieurs décampèrent de leur camp le 11 août pour aller camper à Haine Saint-Pierre et Hagne Saint-Paul. Ils méprisoient si fort notre petit nombre, qu'ils furent assez inconsidérés pour nous venir prêter le flanc, ne voulant pas se détourner d'un pas, mais ils trouvèrent bien dans la suite qu'on ne fait pas de petites fautes à la guerre et principalement devant un général comme le grand Condé. Ils faisoient courir le bruit qu'ils alloient prendre Ath. M. le Prince nous avoit fait partir dès les 10 heures du soir, pour nous jeter dans cette place ; savoir : les deux compagnies de mousquetaires et les grenadiers de la maison du Roi, dont il se repentit bien.

Le lendemain, nos ennemis passèrent donc fièrement à la barbe de M. le Prince. Il laissa passer le comte de Souche avec les Impériaux, et donna d'une telle force sur l'arrière-garde, qu'il la défit entièrement (c'étoit des Espagnols) et en auroit fait autant du corps de bataille, sans M. de Souche qui, étant déjà à Hague Saint-Pierre, revint et sauva non pas tout à fait le corps de bataille des Hollandois, mais une partie. Les ennemis perdirent tous leurs bagages, leurs canons, une infinité de drapeaux, d'étendards, de timballes et d'officiers, parmi lesquels il y en avoit plusieurs d'une grande distinction, que M. le Prince envoya à Rheims pour se faire panser, lesquels ne pouvoient s'empêcher de rire, en se souvenant qu'ils avoient dit qu'ils viendroient boire du vin de Champagne à Rheims.

En entrant à Ath, nous apprîmes ce combat et nous fûmes bien fâchés de ne nous y être pas trouvés. Nous aurions forcé un poste que les Suisses n'osèrent attaquer et l'affaire auroit été complette.

Les ennemis allèrent se refaire sous Mons. M. le Prince prit son camp à la Bussière où il fut quelque tems pendant que nos ennemis toujours plus forts en nombre que nous se remettoient de leurs pertes et en équipages ; car ils avoient perdu tous les leurs.

uetaires à M. le r. Pendant ce tems, on nous fit partir d'Ath pour aller joindre M. le maréchal d'Humières à Lille où il se formoit sous ce maréchal un petit corps d'armée.

Après donc que nos ennemis se furent un peu rétablis, ils crurent être en état d'entreprendre quelque chose d'important pour se dépiquer de ce qu'ils avoient perdu à Senef. De notre part nous n'y perdîmes d'officier général que le chevalier de Fouville, maître de camp, général de notre cavalerie, et M. de Montal, qui y eut une jambe cassée. Le premier étoit lieutenant-général et le deuxième maréchal de camp, tous deux fort braves officiers, l'un pour la cavalerie et l'autre pour l'infanterie. Celui-ci étoit gouverneur de Charleroy, où il se fit porter et où il guérit. Pour le chevalier de Fouville, il mourut de sa blessure comme beaucoup d'officiers surtout du régiment du Roi et un grand nombre de soldats. Ce qui leur faisoit dire que nous avions perdu plus de gens qu'eux, et que nous ne serions pas en état de traverser leurs desseins.

va au denarde. Ils jetèrent les yeux sur Oudenarde. C'est une place située sur l'Escaut, fort peu éloignée de Gand, commandée du côté du Brabant et assez de l'autre côté. Sitôt qu'ils s'en furent approchés, on lâcha les écluses, et c'est par ce moyen que M. de Vauban se jeta dedans. C'étoit un vieil officier de cavalerie qui en étoit gouverneur. Quelle joie pour lui quand il vit entrer M. de Vauban.

Il n'y avoit point de tems à perdre pour secourir cette place qui étoit vivement attaquée. M. le Prince n'y manqua pas, et ayant donné les ordres à M. le maréchal d'Humières de se tenir prêt, M. le Prince ordonna à toute la chevalerie et l'infanterie d'avoir chacun une fascine, c'est qu'il vouloit attaquer les lignes. On marcha, mais par un si grand brouillard, qu'on ne se voyoit pas. Les ennemis, à la faveur de ces brouillards, se retirèrent, et nous entrâmes dans leurs lignes sans trouver personne ; mais les ayant traversées, notre compagnie ayant la tête de tout, les gardes du corps n'étant pas à cette expédition, nous vîmes un corps de dragons dans la gorge des deux montagnes. Cette gorge reployoit sur la gauche, comme si elle vouloit retomber sur Oudenarde.

M. le Prince regardoit avec ses yeux d'aigle du côté de la montagne par où les ennemis se retiroient et avoit ordonné quatre petites troupes de notre compagnie ; j'étois à la tête de l'une où M. le Prince étoit : M. de Navailles qui étoit le plus ancien lieutenant-général, M. le duc de Saulx et d'autres officiers généraux vinrent l'aborder, et comme il regardoit toujours et que ces dragons ne bougeoient pas, M. le duc de Navailles lui dit qu'il falloit charger, à quoi M. le Prince ne répondit rien. A la seconde fois, il lui dit qu'il n'avoit pas besoin de conseil, que lorsqu'il commanderoit l'armée du Roi il feroit à sa tête, et ordonna, au lieu de charger des gens qui n'étoient qu'à la portée de la carabine de faire volte-face, ce qui étonna bien des gens, et dit que chacun eut à aller à son poste et nous fit remonter et à toutes les troupes la montagne par laquelle nous étions descendus dans les lignes et se mettre en bataille.

M. de Souche, grand général, avoit laissé un appas pour que si nous y fussions attachés, il eut le tems de reprendre la hauteur sur nous. Comme il étoit bien plus fort, nous aurions risqué d'être défaits ; mais ce grand général n'étoit pas fait pour donner dans les pièges de M. de Souche, et c'est alors qu'on le vit revenir par derrière nous et que toute l'armée admira la grande habileté de ce prince, et pendant que ces troupes gagnoient la colline, il m'appela pour l'accompagner; il s'en alla droit où l'ennemi avoit ouvert la tranchée. Comme nous allions tout du long du travail, je lui entendois dire : Voilà qui est bon ; et d'autres fois : Voilà qui ne vaut rien. Il faut, me disoit-il, que l'ingénieur ait été tué : et lorsqu'il fut à la tête du travail, il m'ordonna de mettre pied à terre et de compter combien il y avoit de pas jusqu'au logement de la contre-escarpe ; comme il y en avoit plus de 52, il est constant que si nous étions venus, elle auroit été attaquée et peut-être prise, car ce Gouverneur et M. Talon, intendant, qui s'étoient enfermés dans Oudenarde vinrent trouver M le Prince et d'abord M. Talon lui dit : « Monsei-« gneur, vous avez bien fait de venir aujourd'hui. » « Son Altesse sérénissime lui répondit qu'est-ce « que cela vouloit dire : Monseigneur, les trois « quarts des mousquets sont crevés, et je ne sais

« combien de soldats estropiés. » Cela fait, M. le Prince alla trouver son armée qu'on mettoit en bataille sur la montagne, il n'y fut pas plutôt arrivé que l'avant-garde des ennemis parut, on se canonna pendant un jour, et comme nous étions bien postés, les ennemis allèrent chercher des quartiers d'hiver.

Capitulation de Grave.

M. le prince d'Orange alla achever le siège de Grasse où commandoit Robenhaut depuis six mois et où il n'étoit guères plus avancé que le premier jour. C'étoit le cadet Chamilly qui en étoit Gouverneur; il avoit le régiment de Normandie. Comme ce Gouverneur n'avoit commandé que dans la cavalerie, ce lui fut un grand secours d'avoir un régiment tout plein de vieux et de très bons officiers. Il avoit encore un régiment, qu'on appeloit de Bourgogne ; mais enfin, après cette longue défense, il fallut bien capituler, car le prince d'Orange attaqua bien d'une autre façon que Rabenhaut qui n'y entendoit rien.

Faute de M. de Louvois.

Je ne puis m'empêcher de dire encore un mot des fautes de M. de Louvois. Au lieu, comme je l'ai déjà dit, qu'on devoit envoyer tous ces prisonniers et tous les canons et ôtages qu'on avoit pris en tant de places, en France, comme le vouloient M. le Prince et M. de Turenne, tout demeura dans Graves et fut perdu par sa faute, hors les ôtages, qu'un colonel de cavalerie nommé Mélin qui étoit en garnison à Mastricht ramena en cette place et dont on tira bien de l'argent ; rien de si bien conduit, que cette action qui demandoit de la valeur et de l'adresse, traverser un camp ennemi, entrer dans Grave, y prendre les ôtages et se faire jour encore une fois à travers les ennemis, on ne peut trop louer cet officier brave et entendu. Il ne manqua pas aussi d'être bien récompensé, mais il mourut peu de tems après. Ainsi finit du côté de la Flandre cette glorieuse campagne.

M. de Turenne qui avoit gagné au commencement de la campagne la bataille de Quinzim, gagna encore celle d'Ensisheim ou de Saint-François parce que ce fut le 4 octobre ; et voici ce que ce grand homme fit :

Ce M. de Turenne n'avoit pas 22 mille hommes, et les ennemis en avoient plus de 36 mille et qui attendoient M. de Brandebourg qui leur en amenoit près de 20 mille. Après cette jonction, il n'étoit plus permis de demeurer en Alsace. La Bake étoit entièrement ruiné. Il avoit été contraint de demeurer six mois pour couvrir Saverne et Hagueneau, deux places importantes mais faibles. Les ennemis étant en deça du Rhin, la retraite étoit périlleuse ; les fuites étoient la perte inévitable de Bressac et de Philisbourg et la réputation des armes du Roi. La Loraine et la Franche-Comté ne respiroient que la venue de nos ennemis, et leur entrée en Franche-Comté ; tous ces malheurs étoient à craindre. Dans ces extrémités, ce grand homme n'eut d'autre ressource que dans une grande résolution qui fut d'attaquer les ennemis presqu'une fois plus forts que lui, avant la jonction de M. de Brandebourg. Il savoit mieux que personne l'avantage que le nombre et la situation leur donnoit, cependant il les attaque et les bat après le combat le plus opiniâtre qui se soit jamais donné (les ducs de Loraine et de Bourmonville étoient les généraux et avoient sous eux Caprara et le prince Herman de Bade) les ennemis se sauvèrent sous Strasbourg. Nos officiers généraux firent tous des choses si extraordinaires qu'ils en mériteront une louange éternelle. MM. Delorge, de Foucaut et de Vauban, lieutenans-généraux, MM. les comtes d'Auvergne et De Roye, maréchaux de camp, enfin les brigadiers qui auroient été dans certain tems bien meilleurs généraux que ceux qu'on a eus, méritent d'être nommés. C'étoit les marquis Duglas et de Pierrefitte, Lambert, le chevalier d'Humiers, de Rheuillon, et d'autres dont je suis fâché de ne pouvoir me ressouvenir et que je renvoie à celui qui a fait les mémoires des deux dernières campagnes de M. de Turenne; M. de Chauloy, en a fait un détail si beau et si exact qu'on ne verra jamais son pareil. Mais ce que fit encore M. de Turenne jusqu'au mois de janvier est encore plus surprenant.

Les ennemis quittent l'Alsace et se sauvent sous Strasbourg.

Toute cette grande armée n'espéroit rien moins, après s'être bien engraissée dans un si bon pays que la Haute Alsace, que d'entrer en France par la Loraine et la Franche-Comté qui leur tendoit les bras. On leur avoit préparé du pain dans cette dernière. Les choses en étoient en cet état, lorsque M. de Turenne ayant donné ses ordres dans la basse Alsace où les ennemis ne pouvoient venir parce qu'elle étoit ruinée, la quitta.

Les ennemis le voyant repasser les montagnes, crurent que sa cavalerie étoit absolument ruinée et son infanterie de même par ces deux batailles et une campagne de onze mois presque, ils jugèrent qu'il alloit prendre ses quartiers d'hiver en France; mais ils se trompèrent bien, car M. de Turenne ayant reçu des troupes de Flandre, commença, dès qu'il fut arrivé en Loraine, où le duc avoit envoyé quelques troupes et des ingénieurs pour fortifier Epinal et Remiremont, de prendre ces deux places, chemin faisant et ce qui étoit dedans à discrétion, et poursuivit son chemin. Malgré le fort de l'hiver, il arriva avec toute la diligence possible à Béfort où M. de Duras, son neveu, qui étoit gouverneur de Franche-Comté, avoit fait préparer du pain, et de plus, avoit fait en sorte que le prince de Montbéliard observoit la neutralité. Partant de ces quartiers près de Béfort, il ne se passa pas une journée qui ne fût un combat ou prise jusqu'à ce que cette grande armée eût repassé le pont de Strasbourg.

M. de Duras vit un quartier de troupes de Munster et l'enleva ; il vit M. de Turenne qui le renvoya dans son gouvernement.

J'avoue que je me perds en voulant parler des prodiges de science militaire et de valeur de ce grand homme. D'abord un grand combat de cavalerie bien disputé où M. de Montaubon, maréchal de camp, fut fait prisonnier ; puis enfin cette cavalerie mise en fuite et c'est dans ce tems que tous les généraux commencèrent à se rassembler ; dans ce combat, le général des troupes de Munster fût fait prisonnier avec les majors de Caprara et de Deneval ; ensuite de ce combat, il fut pris dans Bramfol, le régiment impérial de Portin tout entier, avec ses drapeaux et ses bagages.

Après cela, M. de Turenne rassembla son armée à Ensisheim. Elle avoit été séparée en bien des endroits, pour enlever plusieurs quartiers des ennemis. De là, M. de Turenne ayant appris que 500 dragons étoient dans le château de Ruffac, il les fit investir par M. Delançon, brigadier, et ils furent faits prisonniers de guerre.

Toutes ces expéditions obligèrent les ennemis de s'assembler à Colmar qui étoit un très bon poste, et le meilleur qu'ils auroient pu choisir ; car ils avoient à leur gauche Colmar et à leur droite la montagne et la ville de Turkem et à leur front la rivière de Fasoh. Ils firent des parapets tout le long de l'eau ; où ils portèrent leurs canons. Il étoit impossible d'attaquer une armée dans un poste si avantageux. M. de Turenne trouva bien le moyen de les faire sortir de ce poste. Après un furieux combat, il ordonna à M. le comte de Lorge de faire paroître dans la plaine un grand front de cavalerie, la rivière de Fach entre deux, pour donner lieu aux ennemis de croire que c'étoit par leur front qu'on vouloit les attaquer.

Pendant que M. de Turenne les amusoit, il fit marcher son infanterie dans la montagne, avec des dragons par des chemins impraticables.

Tous les officiers généraux, ne sachant ce qu'il

vouloit faire, crurent qu'il ne savoit plus ce qu'il faisoit ; mais dans la suite ils connurent que c'étoit un général sans égal. Il se douta bien que par cette ruse les ennemis ne manqueroient pas de retirer ce qu'ils avoient à Turkeim qui étoit à la droite, et ils s'étoient imaginés qu'il étoit impossible d'y aller. Ce fut contre l'avis de M. le duc de Loraine qui en savoit plus que tous les autres généraux ensemble, qu'ils en retirèrent des bataillons.

M. de Turenne s'étant donc saisi de ce poste, tout ce qu'ils avoient fait leur fut inutile, étant pris par derrière ; ils voulurent revenir à Turkem, mais il n'étoit plus tems, M. de Turenne avoit profité de la faute qu'ils avoient faite, mais étant piqué du tour qu'on leur avoit joué, ils donnèrent à Turkeim un aussi furieux combat qu'il s'en soit jamais donné où ils furent encore battus, ce qui les obligea de se reployer à Scélestat, de là à Reinsfeld où on les poussoit de poste en poste jusqu'à ce qu'ils eussent repassé le pont de Strasbourg.

Ils perdirent beaucoup au combat de Turkeim qu'on peut appeler une petite bataille, puisqu'il s'y trouva cavalerie, infanterie et canon : nous y perdîmes aussi de notre côté, et entr'autres M. de Foucaut, le plus ancien lieutenant-général de notre armée et l'un des meilleurs qu'il y eut en France : le comte de Lamotte, colonel de la vieille marine, fit des actions de valeur et de fermeté qui obligèrent M. de Brandebourg à ordonner qu'on ne tirât pas sur lui ; il avoit eu auparavant un coup dans la gorge qu'on ne croyoit pas mortel, mais il en mourut peu de tems après ; quand j'en appris la nouvelle, j'en eus un extrême déplaisir : il étoit mon ami, mon parent et mon voisin ; environ deux ans auparavant il avoit perdu son frère qui étoit lieutenant de Roy de notre province de Bourgogne, et qui m'avoit mené la première fois à la guerre lorsqu'il avoit un régiment de cavalerie.

Les ennemis repassent en Allemagne.

Voilà donc cette grande armée qui devoit passer en France, repassée en Allemagne, pendant que nos gens prennent de bons quartiers d'hiver dans les endroits qu'ils occupoient, et les provinces voisines de la France en repos, mais pas toutes, la Guyenne et la Bretagne voulant se révolter : M. de Pontchartrain étant devenu contrôleur-général des finances par la mort de M. de Colbert, et n'en sachant pas tant que son prédécesseur, faisoit aussi bien plus crier, il a cependant mieux fait ses affaires que son devancier, car outre qu'il est devenu chancelier, il a encore amassé quatre fois plus de biens, on jugera si c'est par de bonnes voies, ce ne sont pas mes affaires.

M. de Turenne après toutes ces batailles gagnées retourna auprès du Roi où il reçut les louanges qu'il méritoit et de toute la Cour, excepté de M. de Louvois, ce qui obligea M. de Turenne de prier le Roi que les courriers qu'il enverroit par la suite à Sa Majesté remettroient leurs paquets à M. le cardinal de Bouillon, son neveu, qui les remetteroit au Roi, ce qui chagrina fort cet impérieux ministre ; mais peu après il lui arriva une autre mortification que j'expliquerai en son lieu.

CAMPAGNE DE 1675

Passons à la campagne de 1675, et comme j'ai remarqué qu'il y avoit des mutins en Guyenne, on y envoya des troupes qui châtièrent Bourdeaux, et cette province demeura soumise et tranquille ; il n'en fut pas de même de la Bretagne, on y envoya des troupes et l'on espéroit que l'exemple de Bourdeaux la rendroit sage, ils firent les bons valets jusqu'au tems que le Roi fut éloigné, et au siège de Limbour, capitale de la province de ce nom, le Roi avoit donné le rendez-vous à ses troupes sous Tournay : il avoit pour commander sous lui le fameux prince de Condé et après avoir donné de l'inquiétude aux places hollandoises et espagnoles par des marches et contre-marches, il tomba sur le Limbourg.

Cette place n'est située sur aucune rivière de considération, elle est entre la Meuse et le Roïr, plus près de la première et assez près de Mastricht et de l'autre côté de la Meuse, ce qui donnoit par là plus de jalousie aux Hollandois et aux Allemands : elle étoit assez forte, mais attaquée avec toutes les choses nécessaires pour la prendre, elle ne dura pas huit jours, et c'est de là que le Roi apprit que la révolte de Bretagne n'étoit pas à négliger, ce qui fit que le Roi nous détacha un escadron de chacune de ses deux compagnies de mousquetaires dont je fus content du premier escadron que commandoit le chevalier de Fourbin qui avoit succédé à M. d'Artagnan.

Ce Fourbin étoit un chevalier de Malthe provençal, il avoit été tiré de la cavalerie pour remplacer les vieux officiers des gardes du corps, qui avoient acheté leurs charges et qui n'étoient rien moins que des gens de guerre, il entra enseigne comme les autres officiers de cavalerie de distinction. Pour les officiers lieutenans, c'étoient des maîtres de camp. Comme il étoit très adroit et meilleur courtisan qu'homme de guerre, il ne fut pas longtems lieutenant, de lieutenant le Roi ayant fait un grand corps de ses gardes, Sa Majesté y fit un major ; il fut donc le premier major, et on fit un aide-major pour chaque compagnie. Ce grand détail qu'il avoit avec le Roi le rendit absolument le maître de ce corps très considérable, jusqu'à faire quitter le maréchal d'Aumont et le duc de Gesvres qui étoient capitaines de deux des quatre compagnies dont ce beau corps étoit composé : ils traitèrent chacun d'une charge de 1er gentilhomme de la Chambre, lesquels, chez le Roi, je veux dire dans son antichambre, sa chambre et son cabinet, ont le pas sur les gardes du corps, mais aussi ces derniers ont le pas partout ailleurs.

M. d'Aligny sous M. de Fourbin qui ne l'aime pas.

Pour revenir donc au chevalier Fourbin, qu'on regardoit comme un favori, d'autant plus que, dans les voyages, il ne quittoit pas Madame de Montespan, maîtresse du Roi ; comme il étoit déjà connu pour malfaisant, par malheur pour moi, il arriva que MM. de Maupertuis et de la Hoquette qui étoient plus anciens que moi, ne s'accommodant pas des manières de ce nouveau commandant, quittèrent son voisinage et celui de l'hôtel des mousquetaires pour s'éloigner de lui, le premier s'alla loger à la porte Saint-Antoine et la Hoquette au cloître de Notre-Dame, chez l'archevêque de Sens, son frère. M. de Préfise, leur oncle, étoit mort archevêque de Paris, il n'y avoit pas longtems : de sorte que je me trouvai commandant à l'hôtel des mousquetaires sous M. de Fourbin. Il avoit ordonné que tous les mousquetaires eussent leurs chevaux à l'hôtel, ce qui fâcha plusieurs de ces Messieurs qui du tems de M. d'Artagnan avoient la liberté de les mettre chez eux ou dans leurs auberges et cela pour en tirer un grand et vilain protêt.

Le Roi lui avoit donné plusieurs bénéfices en qualité de chevalier de Malthe, et entre autres deux abbayes sur la rivière de Seine, dont il faisoit venir tous les foins et pailles tant bon que mauvois pour nourrir tous nos chevaux qui étoient au nombre de plus de 300 et dont il retiroit 15 sous par cheval, le nommé Masse, pourvoyeur, ne leur en donnoit pas pour 10 sous; jugez quel gain M. de Fourbin faisoit sur cela. Il en avoit besoin, car, à l'exemple de son maître, il avoit une maîtresse qu'on appeloit la marquise de Souliers, sa parente, qui le rongeoit jusqu'aux os.

On a beaucoup parlé du mal qu'il me vouloit, je

crois que le 1er levain venoit de ce qu'il savoit que je ne pouvois oublier mon cher capitaine, M. d'Artagnan, qui m'honoroit de son estime et d'une tendre amitié ; je m'aperçus d'ailleurs que ce que je disois à ce pourvoyeur ne lui plaisoit pas, sa mauvaise volonté pour moi éclata tout à fait après la bataille de Cassel, j'en parlerai à son lieu.

Nous continuâmes notre chemin en basse Bretagne où nous devions rencontrer les révoltés sur le bord de la mer : M. le duc de Chaulmu étoit gouverneur de cette province quand nous y arrivâmes ; il fut notre général.

Déjà quelques détachemens d'infanterie étoient arrivés près de Nantes avec presque tous les prévots du Royaume, l'arrière-ban avoit été commandé, ce petit corps d'armée dont M. le chevalier de Fourbin étoit la seconde personne étant assemblé, on commença à marcher. Mais comme cette province n'avoit pas encore, par certains privilèges, souffert d'Intendans, le Roi avoit nommé M. de Marillac pour en faire les fonctions, mais comme il ne vint qu'à Rennes, lorsque toute la province fut soumise, et qu'il falloit quelqu'un qui s'entendît au détail, pour la subsistance de cette petite armée, il demanda à M. le chevalier de Fourbin un officier qui s'en pût acquitter en attendant M. de Marillac : il me proposa et je fus assez heureux pour que notre général et les troupes fussent contents de moi. Après avoir fait bien des camps et être arrivés au lieu où nous devions trouver, à ce qu'on disoit, les révoltés, on n'y trouva pas une âme. On reprit par

M. d'Aligny fait les fonctions d'Intendant en Bretagne.

l'autre côté de la mer par le milieu de la province et enfin on vint à Rennes où tous les mutins qu'on avoit pris furent roués et pendus. Voilà comme cette révolte prit fin, et les troupes retournèrent aux ordres que le Roi avoit donnés.

– Mort de …renne d'un …non.

C'est en passant à Angers que nous apprîmes avec un chagrin infini la mort de M. de Turenne ; il étoit si fort estimé et honoré qu'il sembloit qu'on avoit tout perdu en le perdant : c'étoit dans toutes les armées un deuil et une tristesse qu'on ne sçauroit exprimer. C'étoit la même chose par tout le Royaume. On lui avoit opposé Montécuculli, le plus habile de tous les généraux de l'Empire; je ne peux décrire toutes les manœuvres que fit ce grand homme pour réduire Montécuculli à plier devant lui dans les deux dernières campagnes qu'il fit, auxquelles je renvoie ceux qui voudront les scavoir, avec la belle retraite que fit le comte de l'Orge son neveu, après la mort de ce grand général : ce grand homme fut tué d'un coup de canon dans le tems où il alloit réduire Montécuculli à plier devant lui, à quoi il l'avoit déjà obligé par delà le Rhin depuis le commencement de la campagne. Ainsi finit le plus grand homme de guerre (si je n'en excepte le grand prince de Condé) qui ait paru depuis César. Il s'appeloit Henri de Tour d'Auvergne, vicomte de Turenne ; grand capitaine, grand politique, n'ayant jamais eu son pareil pour le désintéressement, il n'avoit point de passion que pour la gloire et l'avantage de sa patrie : jamais général n'a eu un génie si étendu pour la guerre, il avoit pour cela des qualités si différentes qu'elles paraissoient quelques fois contraires ; ne se pressant jamais, attendant patiemment le temps d'agir quand la disposition des choses ou la précaution des ennemis lui offroient les moyens, prompt à saisir l'occasion, voyant du premier coup d'œil tout ce qu'il falloit voir, étendant ses précautions jusques aux moindres choses, et se rendant, par son habileté et par sa conduite, le maître de tous les succès : quelquefois donnant tout à la valeur et s'abandonnant en apparence tout entier à la fortune, mais fondé toutes fois, sur des raisons, sur des conjectures, sur des mesures, sur des suites que lui seul pouvoit voir dans l'action et que tout le monde étoit forcé d'admirer après le succès. Il fut tué à Saspac, à quatre journées de marche du pont que nous avions sur le Rhin.

Quel changement ne fait pas dans une armée la mort d'un général respecté et estimé de ses troupes, c'est ce qui n'est pas croyable. Cette armée accoutumée à vaincre, qui alloit chasser par delà Montécuculli avec toute son habileté, cette armée, dis-je, ne songe qu'à regagner son pont : M. de Vauban vouloit commander, se disant plus ancien lieutenant-général que M. de Lorge.

Ce différend auquel les maréchaux de camp ne s'attendoient pas, pensa causer un grand malheur, par une halte faite très mal à propos, ce qui fit dire aux soldats, qui croyoient cette halte causée par l'incertitude où l'on iroit camper ; tout d'un coup il s'éleva une voix de tous les soldats qui crioient de toutes leurs forces : « Qu'on lâche la « pie, elle nous mènera où il faut aller. » Cette pie étoit le cheval que M. de Turenne montoit ordinairement et que les soldats connaissoient : ce fut pourtant M. le comte de Lorge qui eut tout l'honneur de cette retraite, et du combat qui se fit à la tête du pont, où M. de Vaubrun pensa encore faire perdre l'armée ; il marchoit avec un très gros détachement à la tête de l'armée, quand il fut au pont il le passa et quand il l'eut passé, il sut que M. de Lorge étoit aux mains avec Montécuculli, il repassa le pont avec les troupes qui étoient avec lui, qui rendirent de bons services, pour lui il se fit tuer : notre armée après ce grand combat qui avoit acquis beaucoup d'honneur à M. de Lorge, repassa en Alsace, saine et sauve, pour se préparer à la campagne de 1676.

CAMPAGNE DE 1676

Dans ce tems là, on parla de la paix, Nimègues fut acceptée pour y envoyer des plénipotentiaires, mais le Roi ne voulut pas qu'on entamât les conférences, que l'empereur par préliminaire ne rendît le prince Guillaume Furstemberg, pris contre le droit des gens.

Nous voilà donc à la veille d'une belle campagne.

Le Roi a des desseins sur Valenciennes.

Le Roi qui avoit un dessein sur Valenciennes, l'une des plus grandes et des plus considérables villes en Flandre, le découvrit lorsqu'il assiégea Condé et Bouchain ; ces trois places étoient sur l'Escaut, Condé en bas, Bouchain en haut, et Valenciennes entre deux.

Il falloit nécessairement se rendre maître de ces deux places avant que penser à attaquer Valenciennes qui étoit une place de grande réputation et où la France avoit reçu un grand affront un peu avant la paix des Pirennées.

Prise de Condé et Bouchin.

Le Roi ayant fait faire des magasins surtout pour la subsistance de sa cavalerie, puisqu'il devoit faire ce siège dans un tems où il n'y avoit point encore d'herbes, ce que nos ennemis ne prévoyoient pas, nous leur prenions toujours quelques places avant qu'ils se missent en campagne : Condé se trouva assiégé sur la fin de mars par le Roi, et peu de tems après, Bouchain par Monsieur.

M. d'Aligny va au siège de Condé et y est blessé.

Pour faire le siège de Condé, l'une des bonnes places à mon avis qu'ait le Roi, par sa situation sur le grand Escaut et sur l'Aine qui fait le marais de Crépin, ce qui oblige d'avoir un quartier séparé, on commanda le maréchal de Créqui. Il y a un des bons et des meilleurs fossés puisque par les eaux de la rivière d'Aine et de ce marais il y a des écluses par lesquelles on met dans le fossé un torrent d'eau très rapide et lorsqu'on le veut mettre à sec on le fait par ces mêmes écluses qui sont retenues par des machines qui sont à couvert des assaillans. Le corps de la place assez bon, et quantité de redoutes caponnées, ouvrage que M. de Vauban étoit fort fâché de n'avoir pas inventé.

La tranchée étant ouverte jusqu'à la hauteur d'attaquer les dehors sans grande perte, le Roi voulut faire une attaque générale : M. de Vauban étant venu nous dire la volonté du Roi et le détachement de notre compagnie qu'il destinoit pour cette attaque, il se trouva que c'étoit encore à moi à marcher.

Nous allâmes donc tous les officiers reconnoître la besogne pour le soir, car toute la compagnie me devoit soutenir. M. de la Feuillade se trouva lieutenant-général de jour à cette attaque où il avoit deux bataillons du régiment des gardes françaises dont le détachement étoit commandé par le chevalier de Nogaret.

L'heure du signal étoit à dix heures et comme nous avions monté la tranchée dès les cinq heures, je m'en allai encore si nous ne pouvions pas mieux faire ce que je reconnus en affrontant cette redoute caponnée: M. de Vauban l'avoit bien reconnue, mais cette redoute lui tenoit fort au cœur ; je lui dis des raisons assez fortes pour lui faire voir que nous pouvions y passer sans grande perte, qu'il pouvoit y avoir des soupiraux par où je prétendois passer dont on ne peut essuyer qu'un feu médiocre. M. de Vauban donna dans mes raisons ; il étoit le maître de l'attaque et M. de la Feuillade étoit pour faire exécuter, d'autant plus que l'avis venant de moi c'étoit aussi moi qui devoit essuyer le feu de cette redoute caponnée.

Le signal étant donné je marchai avec mon dét chement et quelques grenadiers auxquels j'ordo nai, s'ils le pouvoient, de jeter quelques grenad par les soupiraux que j'avois à essuyer : je pass fort vite et si heureusement que je n'eus pas s personnes blessées et un mousquetaire du Roi q fut tué, il étoit gentilhomme servant chez Sa M jesté ; cette redoute couvroit les ouvrages les pl faibles de la place, le gouverneur croyoit peut-êtr à cause de sa redoute et de l'Escaut, qu'on ne so geroit jamais à l'attaquer de ce côté-là, et en co séquence, il ne l'avoit pas si bien garni que l'aut côté à l'autre attaque.

Après avoir donc essuyé le feu de cette redout tout ce que je trouvai dans les dehors fut pris tué et quoique j'eusse reçu un coup de mousqu qui me traversoit la cuisse droite et sortoit dans fesse du même côté sans avoir touché à l'os, poussai toujours ma pointe, et le hazard m'aya conduit par un petit chemin qui alloit de la ville la rivière, je lui suivis et me trouvai maître d'u poterne : en ayant fait donner avis à M. de Vauba l'on fit marcher les deux bataillons du régime des gardes.

La garnison voyant cela se rendit prisonnière guerre, ce qui ne seroit pas arrivé sans ce que no venions de faire : car le gouverneur se voyant pr par où il ne s'attendoit pas, il n'eut pas d'aut parti à prendre.

Alors on m'emporta ne pouvant plus marche j'avais tant perdu de sang dans mon canneçon chamois que j'étois refroidi, qu'on eut peine à juger en mettant le premier appareil, si j'en pourrais réchapper. M. de Saint-Fouage fit préparer un batteau avec de bons chirurgiens qui nous conduisit à Tournai avec les officiers blessés tant des nòtres que des ennemis : je fus si bien soulagé et pansé que je fus sur pied bien plus tôt que je ne l'espérois.

Le Roi étant content de moi, ce que j'avois fait et ma blessure me valut le gouvernement de Pierre-Chastel. le Roi m'avoit donné peu auparavant une pension de douze cents livres.

vient à

Après ces campagnes, les troupes alloient dans de bons quartiers d'hiver, mais le Roi nous ramena à Paris où l'on achetoit l'eau : heureusement, il m'avoit donné une pension, et Pierre-Chastel étoit sur l'État pour 2.800 l., outre le pourpris et un bac sur le Rhône. Tout cela devoit valoir autant que les appointemens et je me trouvois aussi heureux que si j'avois eu un gouvernement de 8 ou 10 mille livres de rente où il faut résider et où l'on mange encore le sien. Je croyois donc être fort à mon aise, mais il fallut bien décompter. M. de Louvois, qui destinoit ce gouvernement à un autre, outre bien des rebuffades qu'il me fit essuyer, il obtint de M. de Château-Neuf, ministre comme lui, mais qui n'avoit pas tant d'autorité, qu'il ne m'expédieroit pas mes provisions, la province du Bugey où est Pierre Chastel étant du département de M. de Chateauneuf. Cependant, le Roi me l'avoit donné et vouloit que je l'eusse. J'allai donc solliciter ce ministre pour avoir mes provisions, san quoi je ne pouvois être payé ; tantôt il ne vouloi pas m'écouter, tantôt il me remettoit, ayant d'au tres affaires. M. de Louvois se persuadoit que tou cela me rebuteroit, car il vouloit être maître d tout et avoit monté son autorité si haut, que M. l Prince et M. de Turenne dirent un jour au Ro qu'ils ne pouvoient plus servir si on n'ôtoit pas l département de la guerre à M. de Louvois. M. d Turenne avoit pris un milieu pour n'avoir plus faire à lui, par l'entremise de M. le cardinal d Bouillon et M. le Prince, par celle de M. de Ro quette, évêque d'Autun.

Bien des gens me conseilloient d'abandonner e de ne pas m'opiniâtrer contre une telle autorit M. le chevalier de Fourbin entre autres, qui devoi semblait-il, me devoir protéger.

Enfin, un jour que j'étois allé prendre l'ordre d Roi, étant revenu avec 50 mousquetaires avec lu je lui dis que la grâce qu'il m'avoit accordée depu près de trois mois m'étoit toujours inutile, M. d Chateauneuf ne voulant pas m'expédier de provi sions. Le Roi ne me répondit rien, mais je m'ap perçus qu'il m'avoit fait un fort mauvais visag dont je fus fort mortifié ; mais étant entré tout d suite dans son cabinet où étoit M. de Chateau Neuf, dès l'entrée, je lui entendis dire d'un ton fo ému : « Pourquoi n'avez-vous pas expédié d'Al gny ? Qu'on l'expédie et au plus tôt ». Sitôt qu j'eus entendu ces paroles du Roi, j'avois pris l'or dre ; au lieu de demeurer à faire ma cour à messe et au dîné du Roi, pour ne pas paroître devant M. de Châteauneuf, je montai au plus vite à cheval, pour m'en retourner à l'hôtel des Mousquetaires.

Le landemain, ce ministre passa à notre hôtel et me demanda; je n'y étois pas, il dit à un de nos messieurs de me dire de l'aller trouver le lendemain du matin, je n'eus garde d'y manquer, et il me donna mes provisions, en m'assurant qu'il me rendroit service avec plaisir en toutes occasions ; c'étoit le meilleur homme du monde qui me servit utilement quand je demandai le gouvernement d'Autun, et plus de 12 ans après pour la charge de grand Bailly de la noblesse du Charollais ; mais M. de Louvois fit si bien par ses menées, que par un traité, tous mes appointements pour ce gouvernement furent réduits à douze cents livres.

Lorsque Condé fut pris, le prince d'Orange voulut secourir Bouchin, mais le Roi s'étoit mis entre cette place et Valenciennes, ainsi Monsieur prit Bouchin sans être traversé.

M. le prince d'Orange fit une action fort audacieuse qui lui auroit coûté cher, si le Roi n'avoit pas été à la tête de son armée, car si le maréchal de Scomberg qui la commandoit sous lui eût été seul, le prince d'Orange n'auroit pas manqué d'être défait et fort aisément, car on pouvoit le combattre à demi passé l'Escaut et Valenciennes, ce que le Roi vouloit absolument, pour se trouver une fois en sa vie à une bataille, mais M. de Scomberg dit qu'il falloit prendre Bouchin et que, si le Roi vouloit risquer sa personne, il s'en iroit. Beaucoup d'autres officiers généraux chantèrent sur le même ton, ainsi point de bataille, mais le prince d'Orange après avoir donné beau jeu, eut le déplaisir de voir prendre Bouchin, sans pouvoir en empêcher.

On se prépare pour le siége de Valenciennes.

Le Roi ayant fait sa récolte se retira à Versailles d'où il ordonna de grands préparatifs pour le siège de Valenciennes.

Les affaires ailleurs n'alloient pas si bon train, nous avions perdu Bonne, que le duc de Loraine, neveu de Charles IV, prit et quelques autres places ; et sans M. le Prince, Hagueneau et Saverne couroient de grands risques.

En Catalogne, le duc de Saint-Germain y avoit battu notre .....par la faute d'un de nos maréchaux de France. M. le maréchal de Bellefond manqua Gironne, qu'on avoit déjà manqué une autre fois. Il n'y eut que M. le maréchal de Lavailles qui eut un peu plus de bonheur par quelque avantage qu'il eut au combat d'Epoulé.

Comme je n'écris que des mémoires pour mes enfants, je n'ai point parlé des combats de mer, si glorieux pour la France. J'ai remarqué que le Roi n'avoit pas seulement de très bons officiers généraux de terre, mais encore de mer. Les maréchaux de Tourville, d'Etrée, de Chateau-Renaud, le fameux Duquesne, qui méritoit aussi bien « le bâton » que les trois premiers, quoiqu'ils en fussent très dignes. Après cela, MM. de Gabaret, de Pointis et tant d'autres, dont MM. de Pélisson et Despréaux qui sont payés pour faire l'histoire du Roi, n'auront pas oublié de parler.

SIÈGE DE VALENCIENNES

Départ

Le Roi partit pour le siège de Valenciennes de très bonne heure, il lui tardoit fort d'arriver. M. de Vauban, sur lequel le détail de ce siège devoit rouler, avoit pris le devant avec ses ingénieurs ; le Roi trouva toutes choses préparées à son arrivée, la tranchée fut ouverte le landemain que Sa Majesté arriva.

Il y avoit pour gouverneur à Valenciennes, M. le comte de Richebourg, frère de M. le prince l'Epinois, seigneur de mérite et de valeur; le baron de Lombre y commandoit deux régimens de cavalerie, le sien et celui de Surne, et un régiment de dragons. C'étoit de quoi faire de belles sorties, avec une garnison de plus de 10 mille hommes fantassins et plus de 30 mille bourgeois portant les armes, fort aguerris et fort enorgueillis de nous avoir fait lever une fois le siège de leur ville, défait un de nos quartiers et y avoir pris le maréchal de la Ferté qui le commandoit ; voilà à qui nous avions à faire.

Le Roi de son côté n'étoit pas mal accompagné. Comme il falloit des quartiers séparés, l'armée étoit, si je m'en souviens bien, de 60 mille hommes avec une grosse artillerie et quantité de caissons pour les vivres, et surtout d'excellens officiers : Monsieur commandoit du côté de Saint-Omer un corps d'armée considérable, c'étoit à deux fins, elle faisoit un espèce de blocus de cette place et étoit en même tems armée d'oppositions.

M. le prince d'Orange, voyant Valenciennes assiégé, ne manqua pas de presser les Espagnols qui étoient les plus intéressés, à faire un effort pour secourir de concert avec lui cette place qui leur étoit de la dernière importance, mais comme ils n'avoient pas de magasins, il leur étoit impossible de se mettre en campagne et de fournir aux Hollandois de quoi faire subsister leur cavalerie, ce qui fit que nous faisions notre siège sans être inquiétés par personne. Les assiégés ne firent pas voir toute la vigueur à laquelle on s'étoit attendu, aussi le Roi faisoit monter la tranchée par tant de troupes, et les gardes de cavalerie étoient si fortes, qu'ils ne firent et n'osèrent faire chose qui mérite qu'on s'en souvienne.

La tranchée de la droite s'appeloit l'attaque des gardes, parce que c'étoit ce régiment qui avoit monté la première tranchée, celle de la gauche fut appelée l'attaque de Picardie, et jusqu'à la prise, ce fut une émulation à qui feroit le plus de pas et avanceroit le plus le travail : cette émulation ne déplaisoit pas au Roi, d'autant que ses équipages n'étant pas venus, il étoit obligé de coucher dans son carrosse; on allumoit du feu des deux côtés des portières où je me chauffois avec les autres officiers de garde, jamais prince n'a supporté les fatigues de la guerre plus gaiment que lui. Il étoit toujours le premier à cheval, et n'en descendoit jamais que toute l'armée ne fût campée et qu'il n'eût visité toutes les gardes et toutes les avenues qui pouvoient conduire à son camp, et lorsqu'il s'agissoit de coucher au bivac, il couchoit fort bien.

Au huitième jour de la tranchée ouverte, on arriva à portée d'attaquer ce grand ouvrage à corne qui embrassoit deux demi-lunes qui couvroient le pâté ; c'est une pièce comme l'on pourroit dire la tour Saint-Nicolas de Dijon, ou le fer à cheval de la porte Saint-Pierre, jamais je n'ai rien vu de si ressemblant que cette porte et celle du Noir Mouton de Valenciennes par où nous y entrâmes.

La veille de l'attaque j'allai diner avec M. de Vauban, il ne bougeoit de la queue de la tranchée de la droite que pour aller donner ses ordres à celle de la gauche, comme le Roi s'impatientoit voyant qu'on fut trois jours à portée d'attaquer et que M. de Vauban disoit toujours au Roi que la poire n'étoit pas encore mûre ; il attendoit cette attaque avec empressement.

Le Roi n'avoit toujours pas ses équipages, à cause du mauvois tems, M. de Louvois avoit cependant trouvé moyen d'avoir les siens dès les premiers jours, ce qui faisoit parler bien des gens, mais il ne s'en soucioit guère.

Sur ce que M. de Vauban avoit dit au Roi que cette poire n'étoit pas encore mûre, nous allâmes après notre diné à la tête du travail, et quand nou y fûmes, après avoir raisonné sur les ouvrages qu nous devions attaquer, il me dit : « tiens, je veu mettre ces gens là plus bas que ceux de Condé » je lui répondis que je le souhaitois de bon cœu mais je doutois fort comment cela se pourroit fair lui représentant qu'il ne savoit pas si le Noir Mou ton (c'est un grand bras de l'Escaut) passoit au-deç ou au-delà du pâté, je lui avois ouï dire souver qu'il l'auroit voulu savoir ; cependant, il me diso toujours, (sur ce que je lui disois que nous ne de vions souhaiter que d'emporter ce grand ouvrag à corne qui couvroit les deux demi-lunes, et ce deux demi-lunes le pâté) je les mettrai plus ba que ceux de Condé.

Les ennemis voyant qu'il y avoit trois jours qu'o étoit à portée sans attaquer, et que M. de Vauba avoit fait passer dans un endroit découvert d l'inondation deux pièces de canon qui battoient le gorges de ces demi-lunes ; ils jugèrent qu'il vou droit voir l'effet de cette batterie, qu'il avoit fait t rer sitôt qu'il fut jour, il y avoit grande apparenc à cela ; mais ce n'étoit que pour les tromper, ca s'étant fiés là-dessus, toutes les troupes qui étoier dans les grands dehors se mirent les unes à dor mir, les autres à aller dans la ville chercher de rafraîchissemens, ne pensant pas qu'ils alloient étr attaqués et que cette batterie qui tiroit toujour n'étoit que pour les endormir.

Attaque de Valenciennes.

M. d'Aligny commande un détachement.

Sur les huit heures du matin, M. de Vauba nous vint dire qu'il alloit faire attaquer : c'éto

M. de Luxembourg qui commandoit à notre attaque, et M. de Monberon à la gauche, s'il m'en souvient bien : il fallut faire des détachemens, il se trouva heureusement pour moi que c'étoit à moi à le commander ; c'étoit M. le comte de la Tournelle qui commanda celui des gardes françaises. Le signal étant donné, M. de Vauban fit attaquer par le régiment des gardes et les autres troupes qui étoient de tranchée avec lui, le front de cet ouvrage à corne du côté de la droite, et Picardie avec les régimens de tranchée qui étoient avec lui. attaquèrent la gauche. M. de Vauban nous mit pour attaquer tout à fait à la droite et joignant le plus qu'il pouvoit l'inondation, ce qui nous mena bien vite jusqu'à la porte de la ville,car on ne faisoit que tuer des gens qui ne se défendoient pas,et comme les deux attaques poussoient également les ennemis qui se sauvoient pour gagner la porte du Noir Mouton, les grenadiers de la maison du Roi qui se trouvèrent mêlés avec mon détachement, tuèrent une si grande quantité de soldats que la porte fut bouchée pour ainsi dire par les corps morts, et le fossé rempli, de sorte que n'y ayant plus que le guichet par où on pût passer, j'hasardai d'entrer, sachant que la compagnie de mousquetaires du Roi qui étoit la première et dont j'étois me soutenoit. M. de Luxembourg et M. de Vauban, pendant ce tems là, s'établissoient dans ce grand ouvrage à corne, se trouvant heureux de l'avoir pris à si bon marché ; mais quand il sut que j'étois entré avec mon détachement et avec les Rioteurs (c'est ainsi qu'on nommoit cette compagnie de grenadiers de la maison du Roi, très belle, très bonne et bien commandée), alors ils firent marcher les troupes pour soutenir une entreprise aussi hardie, qu'on pouvoit sans injustice traiter de témérité. J'ai dit ci-devant, ce qui étoit dans cette place.

M. de Moissac y entre des 1ers.

M. de Moissac, cornette de notre compagnie, très bon officier, fut des premiers qui entra. Je lui dis qu'il y avoit de nos grenadiers qui étoient sur le rempart où il y avoit du canon, qu'ils l'alloient tourner du côté par lequel on pouvoit venir à nous, mais qu'il me sembloit qu'il falloit nous retrancher à 500 pas dans la grande rue, où il y avoit un petit pont sur un bras de l'Escaut; son avis étoit de le faire près de la porte pour éviter ceux qui nous viendroient prendre par derrière par le rempart de la droite et de la gauche, sur quoi je lui dis que nous empêcherions nos gens d'entrer en bouchant la grande porte, il se rendit à mon avis, et aussitôt, il me fut fort aisé de faire sur ce pont un retranchement : les maisons de cet endroit, comme c'étoit à une des attaques, étoient quasi à bas ; après que ce retranchement fut fait, je mis de mes mousquetaires dans les chambres hautes et je leur ordonnai de ne tirer que de près et d'un feu lent.

Les ennemis qui ne s'attendoient pas à une pareille affaire furent du tems sans le pouvoir croire, celui même qui alla dire au gouverneur qu'on étoit dans la place, il le menaça de la corde, et le baron de Lombre me dit après, que celui qui lui vint dire de faire monter à cheval, il l'avoit renvoyé avec injure : ce tems perdu de la garnison nous étoit cependant précieux.

M. de Monpertuis étoit entré avec une partie de de la première compagnie, la seconde étoit à l'attaque de Picardie et n'eut pas de part à cette action l'une des plus singulières dont on ait ouï parler.

Le comte de Richebourg fut enfin détrompé, il fit avec le baron de Lombre ce qu'il put, mais il n'étoit plus tems, il vint avec sa cavalerie, trompettes sonnantes, fort fièrement à mon retranchement et quand il fut tout auprès il fut tirer : j'ordonnai que l'on tirât sur les chevaux qui me firent en peu de tems un second retranchement.

M. de Luxembourg ne perdoit point de tems à faire ouvrir la porte de la ville et jetter dans le fossé, à droite et à gauche, les corps morts qui bouchoient le passage mais en passant par dessus la poudre qui étoit dans les fournimens des soldats que nous avions tués, le feu se mit par quelques mèches allumées dans les autres fournimens et dans les habits, ce qui fit un spectacle pitoyable. M. de Luxembourg eut ses habits et sa perruque brûlés, de sorte que quand je le vis, il n'étoit pas reconnaissable étant tout grillé, et comme il avoit fait ouvrir la porte et fait entrer nos troupes, il fit remplir les rues qui aboutissoient à la porte et occuper les remparts de la droite et de la gauche, et les canons de la garnison pointés dans les rues qui aboutissoient aux remparts ; tout cela se fit si promptement, et les ennemis en furent si surpris qu'ils se rendirent à discrétion. Le corps de cette grande et riche ville qui ne vouloit pas être pillée faisoit opposition de son côté, ainsi on ne fut pas longtemps sans donner la loi. Ces messieurs avoient à faire à M. de Vauban qui traitèrent les députés de la ville d'une manière à obtenir tout ce qu'on voulût.

Le Roi, qui étoit sur la hauteur, voyant que nous étions sur le pâté, ce qu'il reconnut par nos habits, nous crut perdus ; mais il eut bientôt des nouvelles de ce qui s'étoit passé, et sa crainte fut que la ville ayant été prise d'assaut, elle ne fût pillée et brûlée ; mais s'il a jamais eu obligation à sa compagnie de mousquetaires, ce fut en cette occasion, car en mon particulier, j'ai été plus d'un mois à me ressentir du bras droit à force d'avoir donné des coups de bâton pour empêcher les soldats d'entrer dans les maisons ; les autres officiers ayant aussi fait leur devoir à cet égard, cette grande et belle ville fut exempte du pillage et du feu, ce qui valut au Roi plusieurs millions qui lui furent payés pour se racheter du pillage.

Le Roi donne à M. d'Aligny rang de capitaine.

Après cela, le Roi voulut récompenser ceux qui avoient le plus de part à cette expédition, il me donna (par une provision scellée) rang de capitaine dans la compagnie, quoique je ne fusse que maréchal des logis. Que peut souhaiter un gentilhomme sinon de l'honneur préférablement à toutes choses; cet événement m'en fit beaucoup, et je dis souvent à mes enfans d'avoir soin de ces provisions qui me servirent dans la suite, comme je le dirai en son lieu. Ceux qui étoient devant moi dans la compagnie furent faits maréchaux de camp.

Voilà comme Valenciennes fut pris, toute la garnison fut envoyée en France. M. de Louvois étant entré pour régler toutes choses, la cavalerie étant sur la grande place à cheval, il leur dit fort brusquement : « Messieurs, mettez pied à terre », et comme notre compagnie étoit en bataille devant eux, M. de Louvois nous dit : « Messieurs les « mousquetaires, le Roi vous donne ces chevaux « pour ne pas vous en retourner à pied au camp. » Le colonel des dragons, nommé Vieux, s'étant approché de M. de Louvois pour le prier que les officiers ne fussent pas obligés de mettre pied à terre, ce ministre le fit descendre au plus vite avec menaces, et comme il vit que je tenois le drapeau il me dit : « M. d'Aligny, voulez-vous retourner « à pied au camp. » Sur quoi je lui répondis que j'avois envoyé chercher mes chevaux, à quoi il me dit : « Je veux que vous ayez le cheval de ce colonel », qui assurément étoit le plus beau et le mieux harnaché de la garnison ; je crus ne pouvoir le refuser.

Je n'ai pu oublier une chose qui m'arriva en particulier : lorsque les troupes chassoient ce qui étoit dans ce grand ouvrage à corne, il y avoit un régiment de cavalerie à pied dans ces dehors, comme ils se sauvoient à la porte de la ville, et que nous y étions arrivés à leur grand malheur, puisqu'on en tua une infinité, il se trouva que le lieutenant-colonel de ce régiment me reconnut, il étoit de Dijon et s'appeloit Ferrand, et dans les troupes étrangères, il avoit pris le nom de Montigny, c'étoit un bon officier, il avoit quitté la France pour avoir tué en duel le fils d'un conseiller du Parlement, nommé Gonthier (ce coup arriva à Strasbourg, allant tous deux en qualité de volontaires en Hongrie, l'année de la bataille de Saint-Godard qui fit tant d'honneur à M. de Coligny, général des troupes françaises, qui eurent grande part au gain de cette bataille contre les Turcs). Ce gentilhomme m'ayant reconnu, nous avions étudié ensemble, et il y avoit quelque alliance entre nous, il étoit le filieul d'un de mes oncles, chevalier de Malthe, dont j'ai parlé, voyant qu'on ne donnoit point de quartier, il ne manqua pas de se jeter à à moi, je lui dis de ne me pas quitter, et je le sauvai par là. Je le dis au Roi le lendemain, et que je le priois qu'il ne fut pas traité comme les autres prisonniers, il me dit qu'il ne pouvoit le renvoyer, mais qu'il me suivit toujours et qu'il ordonneroit au chevalier de Fourbin, notre commandant, de lui faire bonne chair.

Ce chevalier de Fourbin fut fait lieutenant-général de cette aflaire. Mon prisonnier ne me quitta pas le reste de la campagne, après laquelle il eut le plaisir de voir en Bourgogne son frère aîné, seigneur de Chevannes, proche Gray ; il fut échangé le premier, comme le Roi me l'avoit promis : voilà une aventure assez singulière. Sitôt que Montigny fut échangé, il eut le régiment de cavalerie de Lauvigny, que l'Espagne envoya dans le Milannois.

Je ne saurois encore parler du siège de Cambray sans parler de ce qui m'arriva à un soupé du Roi où j'étois allé faire ma cour. Pendant que ce grand prince étoit en campagne, il y avoit 24 couverts à la table, et quand il avoit fait l'honneur à quelqu'un de l'y faire mettre une fois, quand il y avoit place, il n'y avoit plus besoin de l'ordre du Roi, mais personne n'osoit s'y placer la première fois que Sa Majesté ne l'eût invité. Il y a eu un capitaine de cavalerie qui a eu cet honneur, c'étoit M. de Mongmery, et c'étoit pour en faire à tous les états de son armée.

Ce soir donc, Sa Majesté avoit à sa droite M. le cardinal de Bouillon et à sa gauche M. de Bouillon, son frère, grand chambelland, l'une des premières charges de la couronne, et comme dans les grands évènemens l'on vouloit toujours qu'il y eût de l'intelligence ou du miracle, M. de Bouillon laissant rouler son discours à peu près là-dessus, je lui dis qu'il n'y avoit jamais eu action de guerre plus naturelle et si hardie en même tems ; je lui dis une partie de ce que j'ai raporté ci-dessus, et ayant voulu dire encore quelque chose, le Roi, pour faire finir l'entretien de M. de Bouillon, lui dit : « d'Ali-« gny y étoit, et vous, vous n'y étiez pas » ; ce n'étoit pas pour diminuer la gloire des mousquetaires, ce qu'il en disoit, car c'étoit le meilleur seigneur de la cour.

Ce que le Roi venoit de faire pour moi, je veux dire cette provision si singulière que mes enfans trouveront avec tant d'autres, et surtout une si grande quantité de lettres des princes et des généraux, par lesquelles ils verront l'estime et l'amitié dont ils honoroient, avec ces trois mots du Roi, je laisse à penser si tout cela ne me donnoit pas des espérances : mais dans peu, tout changea bien de face.

Siége de Cambray.

Le Roi, surpris d'être venu à bout dans si peu de tems de Valenciennes, croyant être tout au moins six semaines à ce siége, en ayant tiré de l'argent assez pour payer son armée pendant toute la campagne, de plus, voyant toutes ses provisions de bouche et de guerre presque entières, très peu de gens perdus, et presque personne de considération que le comte de Bourlement, colonel de Picardie, dont M. le maréchal d'Harcour qui sortoit d'être aide de camp de feu M. de Turenne, eut le régiment et depuis ayant un talent particulier pour la guerre est devenu un très bon général ; le Roi donc conçut le grand dessein d'assiéger Cambray, on y avoit déjà échoué deux fois. La première, l'armée étoit commandée par le fameux comte d'Harcourt, prince Lorain, car M. le comte d'Harcourt dont je viens de parler est de la maison de Bouverons de Normandie : l'autre fois, sous le commandement de M. de Turenne ; de sorte que nos ennemis ne furent pas fâchés de nous voir attaquer cette place, laquelle, outre qu'elle étoit très bien fortifiée et très bien munie, avoit une des meilleures citadelles de l'Europe, le tout par Pompée Targon, alors le plus habile ingénieur qu'il y eût ; c'est lui qui avoit élevé la citadelle d'Anvers, si célèbre dans les histoires.

Nous voilà donc devant cette place si fameuse, mais avant que de parler des commencemens de ce siège, il est bon de parler de ce que faisoit Monsieur, avec les troupes qu'il avoit près de Saint-Omer. Le Roi ne lui avoit permis que d'en faire le blocus, il pria si fortement le Roi de lui en laisser faire le siège, qu'à la fin il le lui permit. Les commencemens ne furent pas heureux par la faute des ingénieurs ; s'il avoit eu M. de Vauban, il n'auroit pas attaqué une pièce sans l'avoir reconnue, c'étoit un avant-fossé, il y eut bien de monde de tué par cette faute.

Le prince d'Orange voyant deux places en même temps attaquées, ayant assemblé son armée sous Bruxelles où il joignit les Espagnols en attendant ce qui se passeroit à Cambray, les quartiers étant distribués, les ennemis firent des sorties de cavalerie, entr'autres, une sur M. de Roze, maréchal de camp et l'un des meilleurs hommes de cavalerie que nous ayons eu en France, aussi est-il devenu maréchal de France ; il reçut, comme il falloit cette sortie qui fut vigoureuse, mais qui ne fut pas heureuse pour M. de Cambray. M. de Rose y reçut un coup de pistolet dans la cuisse ; le Roi lui envoya aussitôt qu'il le sut son premier chirurgien et un aide de camp pour savoir la qualité de la blessure, il dit à cet aide de camp : « dites au Roi que le

« coup de pistolet n'est rien, mais qu'une petite « galanterie m'incommode fort. » Voilà ce que ce bon et loyal allemand envoya dire au Roi qui fut fort aise que sa blessure ne fût pas considérable, il rioit bien avec toute sa cour de son autre incommodité et de sa confidence.

M. de Balaisseau.

Pendant l'hiver, j'avois souvent mangé avec lui à Paris, M. de Balaisseau, premier capitaine du régiment de cavalerie d'Orléans, M. de Renne Ville, lieutenant des gardes du corps, et moi, chez une dame dans la rue du Boulois, à la vérité fort coquette et qui avoit des amies qui la ressembloient, mais je ne croyois pas qu'elle eût honoré M. de Rose de ses insignes faveurs.

Cambrai pris, attaque de la citadelle.

Cambrai donc, cette place redoutable, ne dura pas, il fallut songer à sa citadelle qui fut une autre paire de manche, car elle dura, il s'y perdit bien du monde, mais ce ne fut pas la faute de M. de Vauban, mais par celle du colonel du régiment du Roi qui voulut faire une attaque mal à propos, cela est si vrai que M. de Vauban se retira dans sa tente, ne voulant pas donner les mains à cette action qui fut très malheureuse, et l'on se repentoit bien de ne l'avoir pas cru: il ne mit pas beaucoup de tems à raccommoder toutes choses : je nommerois bien ces messieurs là qui furent cause de la mort de tant de gens, mais comme ils croyoient bien faire, j'ai cru qu'il ne falloit pas les nommer.

Le Roi promit bien qu'il ne se laisseroit plus aller à d'autres sentimens qu'à ceux de M. de Vauban.

usquetaires iège de St-

Monsieur ayant entrepris le siège de St-Omer, voyant M. le prince d'Orange se préparer avec une grande armée à venir à lui, ne manqua pas de crier au secours, et dans ce moment, on connut qu'on n'auroit pas été fâché d'en avoir moins entrepris. Le Roi ne se réserva de troupes que pour achever le siège de la citadelle de Cambray et détacha un corps de 8,000 hommes, dont les deux compagnies de mousquetaires étoient sous les ordres de M. le maréchal de Luxembourg, pour aller joindre Monsieur en toute diligence.

M. le maréchal d'Humiers eut un pareil ordre et il arriva de l'île où il avoit amassé 3 ou 4 mille hommes à Monsieur, en même tems que nous de Cambray ; notre compagnie étoit de garde de cavalerie; lorsqu'on nous fit sortir de Cambray, les secours arrivèrent à Monsieur fort à propos.

On apprit que le prince d'Orange étoit à portée ou de donner la bataille ou de jeter du secours dans Saint-Omer qui en avoit besoin : pour donner lieu à ce prince de tenter un combat et en même tems pour empêcher qu'il n'entrât du secours à Saint-Omer, Monsieur et nos deux maréchaux rassemblèrent les quartiers en ordre de bataille et se portèrent entre Cassel et Saint-Omer : M. d'Humiers, comme l'ancien, commandoit à l'aile droite, et M. de Luxembourg à la gauche, Monsieur au centre de la ligne à la tête du régiment des gardes qui est le poste de ce régiment le premier de France. Les autres officiers généraux distribués en leurs rangs : M. le prince d'Orange se trouva à la tête de 32 mille hommes, les meilleurs des siens et de ses alliés ; nous nous trouvâmes en pareil nombre, de sorte qu'il sembloit véritablement que ce fut un défi.

Il y avoit cette différence que nos ennemis avoient du canon et nous n'en avions point : avantage fort considérable dans un jour de bataille.

L'on fut deux jours en présence n'ayant qu'un petit ruisseau entre les deux armées. Pendant le premier jour, il y avoit à notre droite un pont, les ennemis l'attaquèrent et s'en rendirent les maîtres. A gauche, il y avoit l'abbaye de Valines qu'ils prirent aussi, mais ils ne furent pas longtems maîtres de ces deux postes, nous les reprîmes non sans perte de part et d'autre. Ils retournèrent à la charge et les reprirent une seconde fois, et nous pareillement, et cette abbaye étant brûlée, et ce pont abandonné, on ne songea plus à cette sorte de guerre.

Le prince d'Orange qui vouloit sauver Saint-Omer, fit à son aile gauche des retranchemens ; ce que M. le maréchal d'Humiers ayant apperçu et qu'ils avoient passé la cavalerie de cette aile, entre les deux lignes, pour faire à leur droite le plus grand effort et jetter le secours dans Saint-Omer par Clairmarais : ce prince faisoit une très lourde faute de faire en présence de son ennemi un mouvement si irrégulier.

J'ai déjà dit qu'il n'étoit pas si grand homme de guerre que bon politique, aussi ne tarda-t-il guère à le payer bien chèrement.

Sitôt que M. le maréchal d'Humiers s'en fut apperçu, c'étoit sur les dix heures du matin, il s'en alla trouver Monsieur, qui dînoit à la tête du régiment des gardes, m'y étant trouvé à lui faire ma cour, j'eus l'honneur de l'accompagner, nous y trouvâmes M. de Luxembourg qui étoit venu de son aile gauche. M. d'Humiers ayant raisonné sur la manœuvre du prince d'Orange, ces généraux jugèrent que M. le prince d'Orange ne vouloit pas combattre de jour, croyant que la nuit lui seroit plus favorable pour jetter des secours dans Saint-Omer : « et par la raison ou du contraire, dit M. « d'Humiers, il les faut attaquer. » Monsieur dit à Monsieur de Luxembourg : « Je ne me suis jamais « trouvé en pareille affaire, quel est votre avis ? » Il répondit sans hésiter qu'il étoit de l'avis de M. d'Humiers.

Alors le maréchal de Luxembourg dit à Monsieur : « Je vais à ma droite ; si les ennemis « ne sont pas venus au pont, je vais le passer « avec les deux compagnies de mousquetaires « du Roi, je n'aurai pas le loisir de vous en- « voyer un aide de camp; si vous entendez tirer, « c'est-à-dire que j'aurai commencé le combat. »

M. de Luxembourg partit en même tems pour son aile gauche; en nous en allant, nous apperçumes que les ennemis avoient fait mettre quatre pièces de leurs canons sur une hauteur où il avoit un moulin à vent et deux bataillons si avancés que M. d'Humiers crut que c'étoit des nôtres et comme il se mit au galop en colère pour les faire revenir se mettre en ligne, je courus après lui, et l'assurai que c'étoit des ennemis · il a dit souvent que je la lui avois sauvée belle.

Nous voilà donc à passer ce pont et lorsque nous fûmes à la portée du pistolet des retranchemens qui étoient bien meilleurs qu'on n'avoit cru, ce maréchal vint à notre tête, nous étions la première troupe; les gardes du corps, les gens d'armes et les chevau-légers étoient demeurés avec le Roi à Cambray ; il nous dit : « il faut mettre pied à terre « et forcer ces retranchemens, la bataille dépend « de vous. » Aussitôt l'on mit pied à terre et nous laissâmes nos chevaux à l'abandon. M. de Maupertuis dit : « à qui est-ce à marcher. » Ce détachement s'appeloit autrefois enfans perdus ; je dis que c'étoit à moi, les autres officiers ayant été détachés à Cambray, mais cette fois ce fut à mon malheur, quoique je dusse mieux opérer si j'en revenois que de par une autre action de ma vie, celle-ci étant de conséquence et fort brillante : en même tems, mon détachement fait, comme nous étions fort près du retranchement qui étoit gardé par les deux bataillons du prince Maurice, et qui nous regardoient venir sans tirer, ne le voulant faire, comme il arriva, que presqu'à bout portant, je me retournai pour voir si je ne m'étois pas trop éloigné de la compagnie qui me soutenoit, je vis notre commandant, je veux dire M. le chevalier de Fourbin qui ne tarda pas à renverser le plus injustement du monde ma petite fortune : je le vis donc qui étoit demeuré à cheval et étoit sur l'aile de bataillon. Je

M. d'Aligny marche avec un détachement.

de M. d'A-
M. de Four-

dis (apparemment à quelques faux frères) : « M. le « chevalier de Fourbin ne risque pas moins à che- « val que s'il étoit à pied, mais si nous venions à « manquer le retranchement, comment cela iroit- « il ? de s'en retourner à cheval pendant qu'une « compagnie comme celle-ci, la plus belle et la « meilleure du monde, remplie de gentilshommes « se retireroit à pied » ; en effet, il étoit aussi ridicule d'être à cheval pendant que la compagnie étoit à pied pour faire une action aussi brillante, qu'il l'auroit été si on eût dû combattre à cheval et qu'il se fût mis à pied.

Ces deux bataillons nous attendirent, comme j'ai dit, de fort près sans tirer, je voyois leurs officiers avec leurs piques qui nous attendoient en très bonne contenance ; nous voilà donc aux mains, après qu'ils eurent fait leur décharge où nous eûmes, tant de mon détachement que de la compagnie qui suivoit, 14 mousquetaires de tués et une vingtaine de blessés ; pas un officier de blessé, j'eus seulement quelques balles qui percèrent mes habits.

Ce retranchement forcé, M. le Maréchal d'Humiers nous ordonna d'aller monter à cheval et fit passer l'aile droite de sa cavalerie dont la tête étoit la petite gendarmerie. M. de la Cordonnière, commissaire général de la cavalerie, bon et vieil officier, étant le maréchal de camp à cette aile droite, en trouvant leur aile gauche dégarnie de leur cavalerie, je vous laisse à penser comme leur première ligne à cette gauche passa son tems : nous fûmes assez heureux, je veux dire notre compagnie, pour retrouver nos chevaux tous ensemble, qui n'avoien pas bougé malgré le bruit du canon et de la mous queterie qui faisoit une terrible musique.

Etant donc remonté à cheval avec une vitesse incroyable, nous revoilà en ligne : les ennemis voyant la faute qu'ils avoient faite de dégarnir leur aile gauche de cavalerie, leur seconde ligne fit un mouvement de gens de guerre, de sorte que quoique leur première ligne qu'on prenoit en flanc fût fort mal traitée, on trouva encore à qui parler Ces deux bataillons du prince Maurice qui s'étoient ralliés à la faveur de cette deuxième ligne, ce fu encore eux à qui nous eûmes à faire à cheval comme nous l'avions eu au retranchement à pied.

Messieurs les Chevaliers de Fourbin, de la Hoquette et de St-Léger étoient à la tête de notre premier escadron. Les sieurs de Maupertuis, de Moissac et moi étions à la tête du deuxième escadron et à la droite du premier des mousquetaires noirs ; le bataillon genevois vint se poster entre nos deux escadrons, et comme il n'étoit pas accoutumé à se mettre en ligne, sitôt qu'il y fut, et qu'il se vit saluer d'un grand feu que M. le chevalier de Fourbin nous fit essuyer mal à propos et trop longtems, ce bataillon, qui étoit de garnison et point accoutumé à une telle musique, se débanda et les soldats se jetoient dans nos derniers rangs.

Monsieur de Moissac qui étoit à la gauche de notre escadron, alla aux officiers de ce régiment qui faisoit bonne contenance, c'étoit le marquis de la Pierre qui les commandoit et en étoit colonel, il leur dit de prendre garde à leurs soldats et leur faire faire une autre manœuvre.

Moissac tué, y espère sa maréchal de

Pendant que M. de Moissac tâchoit de faire faire une autre figure à ce bataillon, celui qui commandoit l'un de ceux du prince Maurice, lui fit faire une décharge, et il fut tué de plusieurs coups.

M. de Fourbin qui lui vouloit mal, dit qu'il s'étoit fait tuer hors de son poste : il étoit petit neveu du maréchal d'Ornans : dès ce moment, je ne faisois pas de doute que je n'eusse sa place, St-Léger ayant déjà été récompensé deux fois et comme il n'étoit pas gentilhomme quoiqu'il eût beaucoup de mérite et de valeur, je crus que le Roi ne le mettroit pas dans cette place. Ces deux bataillons ne furent pas longtemps à être défaits malgré la valeur du prince Maurice : notre cavalerie qui n'en trouva point d'ennemie, ayant passé à leur droite contre toutes les règles de notre métier, je vous laisse à penser comme elle traita l'infanterie ennemie, et certainement ce qui se fit à notre droite contre l'aile gauche ennemie fut le gain de la bataille. Il n'en étoit pas de même dans les autres postes : notre centre eut grand besoin de la présence de Monsieur qui montra une intrépidité héréditaire dans la maison de Bourbon. M. de Luxembourg avoit bien des affaires, la cavalerie de l'aile gauche du prince d'Orange ayant passé à leur droite, ce qui faisoit qu'il falloit que notre aile gauche redoublât de vigueur.

de Cassel. t-Omer.

Enfin de tout côté on vainquit, jamais dans aucune bataille de ces tems-ci, je veux dire même des guerres civiles, il ne se trouva tant de morts sur un champ de bataille, ni un si grand nombre de prisonniers ; celui des morts des ennemis fut de près de 15 mille et des nôtres de 10 mille, celui des prisonniers ennemis fut de 8 mille hommes les blessés de part et d'autre furent en très grand nombre, ce qui marque bien l'opiniâtreté d'un long combat, où nos deux maréchaux de France, les officiers et les soldats firent des merveilles.

Le landemain, comme j'étois allé faire ma cour au dîné de Monsieur, il dit à M. de Luxembourg qu'il vouloit monter à cheval pour aller voir la droite et qu'il souhaitoit un officier pour lui montrer les mouvemens qui s'y étoient faits, dont le bonheur de cette journée s'étoit ensuivi. M. de Luxembourg qui m'a toujours honoré de son amitié me proposa, de sorte que je fus toute cette après dinée avec Monsieur, ce qui me faisoit beaucoup d'honneur et de plaisir.

Cette victoire fut importante, car si le prince d'Orange eût eu l'avantage, il auroit fallu que le Roi eût abandonné la citadelle de Cambray, et regagner Versailles au plus vite, n'ayant pas assez de troupes pour pouvoir résister : sitôt que nous fûmes arrivés sur le champ de bataille, Monsieur envoya dans tous les villages d'alentour pour venir enterrer les morts et les chevaux sous peine du feu, et après avoir bien visité le retranchement que nous avions forcé pour donner passage à notre cavalerie, et appris par les partis de cavalerie qu'il avoit détachés après le prince d'Orange, qu'il ne s'étoit arrêté que lorsqu'il fut à Gand et qu'on lui eut ramené force traîneurs par lesquels il apprit que ce prince n'avoit pas avec lui 7 ou 8 mille hommes des 32 mille qu'il avoit amenés : de plus, son canon, les bagages pris, plusieurs étendards, drapeaux, timballes, mais surtout quantité d'officiers, tout cela marquoit une victoire complète.

ner se rend

St-Omer s'étant rendu au Roi aussitôt que ce prince victorieux s'y présenta, il y entra ; cette place est grande, il y a un évêché, d'une très grande importance par sa situation : on veut que du tems de César ce fut le *portus Sinus* et non Calais.

L'évêque mourut pendant ce siège et le gouverneur des Pays-Bas prétendit avoir le pouvoir d'Espagne et y avoir nommé, mais le Roi dit qu'étant assiégé il n'étoit plus libre et y nomma l'abbé de Valbelle.

elle de Cam- end au Roi.

Après cette bataille gagnée et cette place prise nous retournâmes à Cambrai où nous trouvâmes que Convarruvias, gouverneur de cette citadelle, l'avoit rendue au Roi, qui s'en retournoit à Versailles tout triomphant après une si longue campagne, et avant son départ, il voulut mener son armée qui avoit tant travaillé se reposer un peu.

Fourbin d.s- d'Aligny

Ce fut au camp de Gemerin et ce fut là où j'appris le mauvais tour et l'injustice que le chevalier de Fourbin m'alloit jouer; il étoit malfaisant, mais encore plus intéressé : d'abord il me fit dire de donner dix mille écus comme M. de Maupertuis les avoit donnés quand il monta à cette charge.

Je répondis à cela qu'il y avoit très peu de tems qu'il étoit dans la compagnie et qu'il y avoit près de 20 ans que j'y étois et que j'espérois que le Roi, ayant égard à mes services et à ce que je venois de faire à la bataille de Cassel, c'est ainsi qu'elle fut nommée, m'accorderoit la charge de M. de Moissac, d'autant plus que je ne croyois plus avoir personne avant moi, Saint-Léger ayant déjà été récompensé deux fois. Après avoir séjourné 15 jours dans ce camp, le Roi s'en retourna à Versailles sans nommer à cette place, et on nous envoya à L'Isle.

Les Mousquetaires vont à Charleroy attaqué par le Prince d'Orange.

Il prit envie à M. le Prince d'Orange de venir encore une fois tenter Charleroy, il y reçut un 2e affront, nous étions à L'Ile, les deux compagnies de Mousquetaires du Roi avec les grenadiers qu'on appeloit les Rioteurs, nous ne nous quittions guère.

Sitôt que M. le Maréchal d'Humiers sut que le Prince d'Orange assembloit un corps de troupes considérable qui pouvoit donner de l'inquiétude à quelques-unes de nos places et surtout à Charleroy, il y veilloit ; un jour, environ sur les minuit, on vint nous ordonner de monter à cheval ; MM. de Maupertuis, de la Hoquette et moi, et les autres officiers nous allâmes prendre congé de M. le Maréchal d'Humiers, il nous donna les ordres pour aller au Quesnois. Nous n'y fûmes pas sitôt arrivés que nous en reçûmes d'autres de lui pour nous jeter en toute diligence à Charleroy ; il étoit tems puisque pendant que nous entrions par la porte de France, M. le Prince d'Orange commençoit l'investiture de cette place du côté de la porte de Bruxelles.

M. de Montal, gouverneur de cette place, eut bien de la joie de nous y voir arriver. Il n'y avoit pas un seul endroit pour y pouvoir mettre à couvert une livre de poudre, il n'y avoit point de souterrains en ce tems-là, il n'y avoit rien sur quoi il pût compter en infanterie que sur deux bataillons, savoir celui de Conty et celui de Milord Eocard ; il avoit son régiment de cavalerie. M. Rupré de Queppy en étoit capitaine et major : la compagnie de dragons très bonne, commandée par M. Dubois, son parent (c'est lui qui deffendit si bien Cherbourg). L'armée impériale fut contrainte d'en lever le siège, nous avions encore M. de Cheladet, fort bon partisan, et qui est venu dans la suite très bon lieutenant général, comme aussi M. de Larrey, colonel du régiment de Conty, qui est aussi devenu lieutenant général. Tous les officiers de nos deux compagnies et de celles des grenadiers de la maison du Roi, c'étoient des gens de qualité, de service et de valeur. Tout cela faisoit grand plaisir au gouverneur qui en avoit grand besoin.

Comme M. de Montal étoit mon voisin et mon ami pendant les 15 jours que nous fûmes assiégés, je ne le quittai jamais, j'avois trop de plaisir d'être avec un homme qui étoit assurément le plus entendu à défendre une place ; je ne finirois pas si je voulois raconter tout ce que je lui vis faire et ordonner pour la défense : mais retournons à M. le Prince d'Orange.

Les Allemands, que ce prince ne put attendre lors de la bataille de Cassel non plus que les Espagnols, faisoient alors la plus grande partie de son armée avec les troupes hollandoises qu'il avoit pu ramasser ; toutes ces troupes pouvoient monter à près de 70 mille hommes : d'ailleurs il croyoit qu'ayant perdu beaucoup des nôtres à cette bataille de Cassel, à Valenciennes, à Cambray et à Saint-Omer, nous ne serions pas en état de le traverser à ce siège, d'autant plus qu'il falloit une nombreuse garnison à chacune de ces places conquises, sur quoi il se trompa, car si M. de Louvois n'étoit pas venu à l'armée pour secourir Charleroy, la partie de l'armée de M. le Prince d'Orange qui étoit au-delà de la Sambre, et du côté de la France auroit été taillée en pièce, c'étoit le prince Maurice qui la commandoit.

Nous voilà donc pendant 15 jours assiégés dans les formes : les premiers jours furent employés à mettre en état quelques ouvrages, dans la basse ville qui étoient en mauvais état et à faire de fréquentes sorties de cavalerie, et même des fourrages, qui étoit la chose la plus singulière ; il est vrai que leurs lignes de contre-vallation n'étoient pas en état.

Un jour, M. de Chéladet étant sorti avec un gros détachement sur l'avis que M. de Montal eut que la compagnie des gardes du gouverneur des Pays-Bas espagnols étoient dans une grande ferme, M. de

Cheladet les surprit et amena cette compagnie toute entière.

Un autre jour, M. de Montal fit sortir toute sa cavalerie pour faire un fourrage et dressa une embuscade d'infanterie derrière une maison, en nous retirant du côté de l'embuscade où étoit M. de Larré, il se découvrit trop tôt, et sans cela, on auroit fait un beau coup, on ne laissa pas que d'y tuer bien des gens et d'en faire beaucoup de prisonniers, entre autres le lieutenant de leur artillerie qui s'étoit avancé pour reconnaître où il pourroit placer une batterie.

Une autre fois, M. de Montal ayant eu avis par un paysan de Marchevel qui est tout auprès de Charleroi, du côté du quartier du prince Maurice, qu'il se devoit faire dans une grande maison un grand régal, M. de Montal me dit : « Il faut que je trouble cette fête » ; il nous fit sortir toute la cavalerie et dragons, nous entrâmes dans ce village de touts côtés et ce paysan nous ayant montré cette maison, nous fîmes rafle de 15 ou 20 personnes de bon air : il y avoit des manteaux où l'ordre de la Jarretière étoit, mais quand nous nous fûmes retirés, nous fûmes surpris, au lieu d'avoir pris quelques milords, il se trouva que ce n'étoit que des officiers, des généraux qui se régaloient; pendant ce tems-là, M. de Luxembourg vint camper à Gerpines, à une demi-lieue du camp des ennemis.

ce d'Orange

M. le Prince d'Orange voyant une armée si près de lui, prit le parti de décamper, d'autant plus que le pain de munition valloit cent sols en son armée, parce que M. le Maréchal d'Humiers avec un corps d'armée, s'étoit mis entre nous et Bruxelles, M. de Luxembourg étant entre Namur et Charleroy, il étoit impossible au prince d'Orange de rester devant cette place.

M. de Louvois fit décamper de Gerpines, la veille, ce que M. de Luxembourg ne vouloit pas faire, et sitôt qu'il fut à l'abbaye d'Oigny, le Prince d'Orange prit ce tems là pour décamper, faute que fit faire M. de Louvois à M. de Luxembourg qui auroit taillé en pièces le quartier du prince Maurice.

M. d'Aligny espère la place de Moissac et en est frustré.

L'hiver approchoit, et voyant que le Roi ne parloit pas de nommer à la place de Moissac, j'étois si persuadé que je l'aurois que je ne songeois qu'à augmenter mon équipage pour donner quelquefois à manger : je vins faire un tour à Aligny ; je n'y fus pas plutôt arrivé qu'on me manda que le chevalier de Fourbin trafiquoit la charge d'un lieutenant aux gardes dont il eut 50 mille livres. C'étoit un gentilhomme de valeur, nommé Monpapoul, mais qui n'avoit pas par devers lui les services que j'avois rendus : Sur cette nouvelle je retournai sur mes pas à Versailles, où je priai M. de la Trémouille, premier gentilhomme de la chambre du Roi, de me faire avoir une audience au cabinet, ce qu'il obtint.

Le Roi avoit eu bien de la peine à m'ôter de sa maison et il avoit fallu un favori pour m'en débusquer :

Sitôt que le Roi me vit, il me dit : « Vous ne

pouvez demeurer avec le chevalier de Fourbin, je vous mets dans mon régiment royal » ; je lui répartis « que n'ayant plus l'honneur de le servir « près de sa personne, je ne pouvois plus me « résoudre à le servir autre part, que je l'avois « toujours servi très fidèlement, qu'il m'ôtoit ma « charge et ma pension et pourquoi non mon gou-« vernement ». J'étois, je l'avoue, au désespoir de parler de la sorte, il me dit qu'il me la laissoit. Il n'y avoit dans ce cabinet que Madame de Montespan et les Maréchaux de Luxembourg et de Villeroy, le premier me dit « Qu'est-ce que cela, d'Aligny ? (le Roi s'étoit retiré) tu as parlé ! » je lui dis que c'étoit une pierre qui m'étoit tombée sur la tête. Ce qu'il venoit de me dire se rapportoit à ce faux frère dont j'ai parlé, apparemment il avoit rapporté que M. d'Artagnan auroit été l'épée à la main à la tête de la compagnie et non pas à cheval comme M. de Fourbin, (1) mais ce n'étoit pas pour cela seulement que M. de Fourbin me vouloit du mal ; j'étois trop aimé dans la compagnie et les chevaux qu'il tenoit enchaînés sans qu'aucun mousquetaire osât monter son propre cheval que pour aller à la revue et étoient si mal nourris qu'il n'y avoit rien de pis : on m'accusoit même d'avoir corrigé manuellement son pourvoyeur : il tiroit de chaque cheval 15 sous qui étoient retenus sur la paie et ne leur donnoit pas de la nourriture pour 10 sols ; cinq sous par jour

(1) Voyez le propos de M. d'Aligny contre M. le Chevalier de Fourbin, ci-devant page 161.

sur 300 chevaux, cela ne laisse pas que de faire une somme considérable au bout de l'année.

Comme il n'étoit pas savant homme de guerre lorsqu'on escadronoit en faisant l'exercice, il ne disoit autre chose, sinon : « accomodez votre muzerole » (c'est cette courroie qui est sur le nez du cheval).

M. de Fourbin ayant fait faire un très beau portrait du Roi à cheval, par Mignard, qui étoit chez lui, je dis sans y penser aucun mal, étant un jour à son lever avec M. de Maupertuis et beaucoup de de Mousquetaires qui admiroient ce portrait, je dis qu'on avoit oublié la muzerole et que le peintre n'en avoit pas fait à ce cheval que le Roi montoit. On faisoit la barbe dans ce moment à M. de Fourbin, et il me revint qu'il avoit entendu ce que j'avois dit, et des faux frères lui avoient fait des rapports sur mon compte, qui m'avoient rendu odieux à ses yeux. Comme il ne m'aimoit pas, il chercha à m'éloigner de lui, et en même tems de la compagnie des mousquetaires ; il en saisit l'occasion, j'en fus au désespoir, je perdois par là le meilleur Maître du monde dont j'étois connu et je puis dire estimé, par là toute ma fortune et mes espérances s'en allèrent à vau-l'eau, mais ce qui me désespéroit le plus, c'est que ma disgrâce m'arrivoit à la veille d'une longue paix qui devoit selon les apparences durer plus que moi.

Me voilà donc sans oser plus me présenter, j'avois parlé au Roi un peu trop haut, je sortis donc de l'hôtel des Mousquetaires où j'avois un logement très commode, et j'allai loger à l'hôtel de Montpellier qui étoit une des grandes auberges de Paris : J'y trouvai M. de Valkimbourg, lieutenant général chez les Hollandois, qui venoit de leur part pour traiter de la rançon des prisonniers que nous avions faits à la bataille de Cassel.

Dans ce tems, M. de Mélac, colonel de cavalerie et le meilleur partisan qu'eût le Roi dans ses armées, gens aussi rares qu'utiles à un général, (je n'ai jamais si bien su le chagrin que M. de Louvois lui avoit donné) avoit tourné casaque, ce fut à Francfort où il se retira, pour de là aller en Hollande, mais nos généraux firent tant auprès du Roi qu'on le fit revenir.

M. de Mélac n'avoit point de gouvernement à perdre, mais bien des longs services et fort importans et son régiment.

à M. d'Ali- veut servir ıde.

M. de Valkimbourg, voyant l'injuste traitement que M. Fourbin me faisoit essuyer, me proposa des offres très avantageuses si je voulois servir la Hollande.

J'avois un si grand attachement pour la personne du Roi et une si grande horreur pour tout ce qui s'appelle infidélité, que je répondis à M. de Valkimbourg que je lui étois fort obligé de ses offres, que je ne doutois pas que le prince d'Orange n'exécutât tout ce qu'il m'auroit promis et que je le priois qu'il n'en fût plus parlé, qu'autrement je ferois savoir au Roi qu'il n'étoit pas venu seulement pour traiter de la rançon des prisonniers, mais encore pour débaucher les officiers.

Mon affaire et l'injustice qu'on me faisoit fit de la peine à toute la maison du Roi, mais surtout aux Mousquetaires de la 1re compagnie dont j'étois.

Il se retire à Aligny.

Me voilà donc réduit à Aligny, triste séjour pour un homme que la fortune sembloit vouloir adopter.

Mes enfans me reprocheront peut-être que je n'ai pas été assez patient et qu'il falloit plier sous M. le chevalier de Fourbin, mais ceux qui le connaissent jugeront que ma patience n'auroit rien fait auprès de cet homme-là. C'étoit l'homme du monde le plus fourbe et le plus vindicatif, il étoit persuadé que je ne l'estimois guère et que je ne l'aimois point, ainsi comme il étoit tout puissant auprès du Roi, quelque soin que j'eusse pris de lui plaire, en quittant même les mousquetaires, il m'auroit toujours écrasé en quelqu'endroit que j'eusse servi : d'ailleurs un gentilhomme à qui on fait un passedroit aussi cruel que celui que l'on m'a fait, après plus de 25 ans de services, tout criblé de blessures, qui a un azile et un bon cœur, il lui est impossible de ne pas tout laisser là, n'ayant plus rien à espérer du côté du service. Il m'étoit dû deux années des appointemens de mon gouvernement, une année de ma pension, quelque chose des appointemens de ma charge ; je peux dire que j'étois l'officier le mieux monté des troupes du Roi, même de ceux de sa maison. Je vendis tous mes équipages pour accommoder ma maison d'Aligny, j'y acquis même quelques domaines et je m'y suis établi.

Mais il faut parler de choses plus intéressantes pour le public, je veux dire d'une guerre qui a fait un honneur infini à Louis le Grand. Cette guerre commença en 1668.

GUERRE EN 1668

Au sujet de Strasbourg et Casal, après la retraite de M. d'Aligny

---

Strasbourg et Casal furent le prétexte de cette guerre. Le Roi prétendit que l'Alsace lui ayant été laissée par le traité de Munster en 1648, et Strasbourg faisant partie de l'Alsace, cette ville lui appartenoit : cependant toute l'Europe s'étonnoit, à supposer ce système que la France eût été 40 ans sans s'en mettre en possession et eût fait pendant ce tems plusieurs traités avec l'Allemagne, traité de paix tel que celui de Nimègue, où les Ministres de France auroient dû faire expliquer l'Empereur sur cet article.

Quant à Casal, j'avoue n'en savoir autre chose, sinon que ce fut M. de Catinat qui fit faire ce coup au duc de Mantoue : ce duc étoit un prince très peu éclairé, et M. de Catinat un des plus grands génies qu'il y ait eu en France ; il étoit fils d'un conseiller de la grande Chambre du Parlement de Paris. Ils étoient quatre frères ; celui-ci étoit le cadet, il étoit parvenu à être Maréchal de France par sa valeur et son savoir faire.

Les deux batailles que ce grand homme a gagnées en Italie et les villes qu'il a prises tant en ce pays-là qu'ailleurs en seront des monumens éternels, et si l'on avoit cru ce grand général dans la dernière guerre que la France a eue à ce sujet de la succession de la monarchie d'Espagne, la France, bien loin d'être à deux doigts de sa perte, auroit été triomphante.

Entrons dans le détail de celle-ci qui n'a précédé la suivante que de 4 ans environ.

i lève des ...r provinces, ...s régimens.

Le Roi voyant toute l'Europe se préparer à lui faire la guerre voulut donner les premiers coups ; pour s'y préparer, il fit lever dans toutes les provinces des régimens de Milice qui seroient à la charge de ces provinces, hors le tems qu'ils seroient en campagne ou en garnison : pour cela chaque gouverneur de province eut ordre de donner au Roi un mémoire de ceux qu'on jugeroit les plus capables de commander ces régimens : ils n'étoient pas tous de la même force, c'étoit par rapport à la portée et l'étendue des gouvernemens : celui de Bourgogne s'étendoit depuis Segnelay, six lieues par delà Auxerre jusque sur le lac de Genève par le moyen de la Bresse, du Bugey, de Gex et de Valromay, le Régiment de Bourgogne fut de 20 compagnies de 50 hommes chacune.

M. le Prince donna donc son mémoire comme les autres gouverneurs de province, contenant les noms de ceux qu'il croyoit les plus capables et les gentilshommes connus ou par leurs services, à sa majesté. Je ne songeois nullement à ce qui devoit m'arriver.

...ince écrit à ... que le Roi ...ne ce régi-

Son Altesse sérénissime savoit très bien ma disgrâce, mais je ne lui avois pas dit ce que le Roi me dit lorsque je lui demandai de me continuer mon gouvernement : comme ce prince savoit faire sa cour mieux que qui que ce soit, je n'avois garde de croire qu'il m'eût mis sur son mémoire : cependant il l'avoit fait, et je fus fort étonné qu'un homme m'apportat une lettre de sa part de la poste de Saulieu, qui y avoit été quelque temps, par laquelle : « il me donnoit avis que le Roi m'avoit « donné ce régiment en lui disant beaucoup de « bien de moi », ce sont les termes de la lettre. J'en ai bien près de 200, tant de ce prince que de M. son père et de leurs petits-fils, qui prouveront à mes enfans que j'avois l'honnneur de leur estime et de leur amitié. La lettre portoit que je ne manquasse pas de partir pour Dijon incessamment, où je trouverois les ordres de ce que j'aurois à faire pour mettre ce Régiment sur pied, le plutôt que faire se pourroit.

Il ne faut pas douter de la surprise de ma femme, elle me représenta que nous vivions très contens, et qu'il ne falloit pas songer à autre chose qu'à élever nos enfans ; j'avois celui du premier lit et deux autres du second lit; elle avoit raison, mais aussi, je lui remontrai que par cet emploi, je pourrois faire revivre mes anciens services, puisque le Roi étoit revenu des préventions que le Chevalier de Fourbin lui avoit données contre moi ; il étoit mort en ce tems là, et ne pouvoit plus me nuire. Enfin, après bien des discours, je résolus de partir pour Dijon où je trouvai mes ordres.

Il se trouva donc suivant les ordres du Roi que

ce Régiment seroit levé dans la province et que chaque communauté suivant les sous de la taille fourniroit un homme propre à servir ; les communautés qui seroient à 2,000 s.. deux soldats et ainsi à proportion et les villes de même. Quant à celles qui n'étoient qu'à 1,000 s. de taille, un soldat seulement, et celles au-dessous, on les joignait ensemble, et elles fournissoient un soldat par 1,000 s. de taille.

Sitôt que Son Altesse Sérénissime eut envoyé les noms des capitaines qu'il avoit choisis, je leur écrivis de faire de bonnes compagnies et de bien choisir avec leurs lieutenans de bons sujets et, comme la paix avoit duré huit années, je les invitois à préférer ceux qui avoient déjà servi.

Je fus assez heureux pour que (par considération qu'on a en Bourgogne pour Son Altesse Sérénissime) bien des gentilshommes qui avoient même été capitaines se présentassent : il s'en trouva du Régiment de Condé, de Picardie, de Vendôme, de Bourgogne, et de même parmi les soldats, si bien que lorsqu'ils eurent fait leur compagnie, il se trouva que de 1,000 soldats, il y en avoit 800, qui avoient servi, ce qui faisoit un beau et bon régiment.

Le comte de Rogle qui avoit été à la tête de Condé, puis sous-lieutenant des gardes de M. le Prince, en fut lieutenant-colonel ; M. de Créancé qui avoit été élevé page de M. le Prince de Condé, puis sous-lieutenant aux gardes, fut major de ce régiment : M. de Fresne qui avoit été à la tête de Vendosme, fut premier capitaine ; M. de Romecourt qui avoit été capitaine dans Picardie le suivoit, et toutes les autres étoient à peu près de même trempe, n'en ayant jamais souffert, pendant 10 ans que le Régiment a été sur pied, de capitaine et de lieutenant qui ne fussent gens de condition; sitôt que je savais qu'on m'avoit trompé, il falloit qu'ils quittassent.

M. d'Aligny obtient de faire la 1re campagne.

Avec tout cela, je ne laissois pas que d'être embarrassé, je retombois sous M. de Louvois sans pouvoir m'en empêcher, c'étoit lui qui avoit donné l'avis au Roi d'avoir des régimens sans qu'il lui en coutât rien, que les drapeaux dont il faisoit présent; c'est lui encore qui avoit fait ces compagnies de cadet. Mais pour en revenir à mon embarras qui n'étoit pas médiocre ayant à faire à un ministre qui m'avoit toujours témoigné de la mauvaise volonté, cependant il lui falloit rendre compte : je crus pour lui faire ma cour, après un détail tant des officiers que des soldats, devoir le prier de me faire servir en campagne, (elle alloit s'ouvrir) ce qui est fort rare qu'un régiment d'infanterie qui vient d'être fait puisse obtenir : tous ces nouveaux régimens qu'on a faits par la suite, ont toujours été dans les garnisons, sans jamais servir en campagne.

Cette lettre que j'écrivis à M. de Louvois lui fit tant de plaisir qu'il en fit ma cour au Roi et que j'obtins ce que j'avois demandé.

Ce Régiment eut son quartier d'assemblée à Chalon-sur-Saône, où je fus quinze jours : ils ne s'en passa pas un qu'ils ne fussent sous les armes et qu'ils ne fissent l'exercice, et comme de 1,000 soldats il n'y en avoit que 200 à discipliner, lorsqu'on m'eut envoyé les ordres pour marcher dans le haut Dauphiné, partout où je passois on le trouvoit beau, aussi l'étoit-il.

C'étoient MM. de Saint-Ruth et de Laré, lieutenans généraux, avec M. de Bachevilliers, maréchal de camp, qui commandoient dans cette province : M. de Saint-Ruth n'y demeura pas longtems, il fut commandé du côté du Bugé, pour entrer en Savoie de ce côté là. On mit huit compagnies de mon régiment à Briançon, six à Brive, et six à Daisne. M. de Laré étoit à Valence dans le bas Dauphiné, M. de Bachevilliers du côté de la Provence et moi à Briançon, fort près de notre plus dangereux ennemi, d'autant qu'il étoit le plus couvert.

En ce tems là, M. le comte de Lause étoit gouverneur de Suze, qui n'est qu'à une demi lieue de Briançon; c'étoit un fort bon homme, il avoit rendu service au Roi, il n'y avoit que très peu de tems, pour des attelages de chevaux de Naples que Sa Majesté avoit fait acheter dans ce royaume, et qui étoient demeurés recrus à Suze, M. de Lause en eut tant de soin que le Roi lui envoya un fort beau diamant, que M. de Savoie voulut avoir sous un assez mauvais prétexte.

38. — M. prend le ment de

J'étois arrivé le mois d'avril à Briançon, comme il n'y avoit qu'un bon vieillard qui n'avoit jamais été à la guerre et qui en acheté la lieutenance de

Roi, il ne me fut pas difficile d'en prendre le commandement et le bon homme ne s'en formalisa jamais.

Je commençai par reconoître toutes les avenues de la place qui ne valoient rien du tout, mais la citadelle qui est sur un roc, quoique petite, n'est pas mauvaise.

Il va visiter les vallées

Après cela, j'allai visiter les vallées qui appartenoient à la France, le Projetas, le Queras, outre Bardonnanche comme aussi les cols par où on peut tomber sur ces vallées et qui sont en même tems les chemins par où on peut aller sur M. de Savoie : par le Queras, c'est par le col de la Croix et de Chateaudauphin : par le col de la Perche, c'est pour tomber dans la vallée de Bardonnanche, et de là dans la Morienne, par le col de Lausse on tombe sur Barcelonnette.

Je pris donc connaissance le mieux que je pus de toutes ces valées et de ces cols, ce qui me procura dans peu d'années le commandement de ces vallées dont Fénestrel eut le principal endroit du Prégelas, qui est la plus grande de toutes ces valées; elle est enclavée entre celle de Saint-Martin et celle de Suze, toutes deux à M. de Savoie, et par le col de Fenestrel, on tombe sur Suze : Le Pragelas commence depuis le col Castreille jusqu'à Pérouse et cette valée de la Pérouse jusqu'à Pignerole : les valées les plus voisines des notres étoient Saint-Martin, Barcelonnette, Luzerne et d'Angronne, or avec toutes ces connaissances que je m'étois acquises pendant plus de 3 années et qui furent utiles à M. de Catinat qui vint commander en ce pays, je ne manquai pas de faire dans ces valées des connaissances pour avoir des nouvelles de Mont-Savoie.

M. de Savoie jouoit de ruse en attendant ses secours d'Allemagne que le prince Eugène avec le général Palfi devoient amener, comme aussi celui d'Espagne que lui promettoit le gouvernement de Milan.

des Barbets. D'ailleurs, comme il entretenoit la cour de France qui se défioit de lui, excepté M. de Louvois, j'appris donc que M. de Savoie, pour couvrir son jeu, avoit fait passer un petit détachement de ses gardes dans l'une des valées des Barbets.

Il est à remarquer que M. de Savoie avoit chassé ces Barbets de ces vallées sous prétexte de Religion, et qu'ils s'étaient révoltés autant de fois qu'on en avoit voulu chasser. On les appeloit Barbets parce que Louis Valdot, en prèchant la nouvelle religion, voulut qu'on ne fit pas la barbe. On les appeloit encore Vaudois à cause du nom de leur nouvel apôtre, et enfin Martinets, à cause de la valée de Saint-Martin.

Comme l'on sut qu'ils s'en étoient revenus, il leur avoit fait tenir en cachette quelques munitions, cela fit que les Barbets taillèrent en pièces le détachement de ses gardes.

Cela étant su de M. de Louvois, il n'avoit garde d'en instruire le Roi qui se défia toujours de M. de Savoie; j'appris d'ailleurs par le sieur Agnès, le plus considérable de la valée de Bardonnanche, qu'un corps bien armé devoit passer le lac de Genève, traverser le Fossigny et la Morienne pour de là se jeter dans leur valée.

J'avertis M. de Larré, mon supérieur, de ces nouvelles que j'avois apprises et qui étoient bien sûres, il ne manqua pas d'en avertir M. de Louvois, il eut pour toute réponse : « Qu'il étoit un fanatique de croire que M. de Savoie, un aussi petit » prince, voisin d'un si grand prince, voulut aller » contre les propres intérêts. » Ce sont ses propres termes, M. de Laré m'en a montré la lettre.

Il se trompoit bien de toutes façons, car un prince dont les terres contiennent depuis le lac de Genève jusqu'à la Méditerrannée ne sont pas de petite étendue et n'est pas un petit prince. Il croyoit que lui ayant fait l'insulte de son bureau à Turin dont j'ai parlé il n'oseroit jamais s'en ressouvenir et en garder du ressentiment, c'est cependant ce petit prince, selon M. de Louvois, qui a fait le plus de mal à la France et M. Agnès ne s'étoit pas trompé.

Comme M. d'Oberville étoit notre envoyé à Genève, il donna avis à M. de Laré que quelques Barbets sans pain et sans armes avoient passé le lac, et à mesure qu'ils approchoient j'en avois des nouvelles par M. Agnès qui avoit des parens et amis dans la Morienne qui est une valée de la Savoie la plus considérable et fort proche de celle de Bardonnanche où le sieur Agnès demeuroit.

M. de Savoie, qui savait mieux que personne des nouvelles de ces Barbets, mande qu'il a des troupes en Chablais, Fressigny et Morienne, qu'ils ne peuvent pas manquer de tomber entre ses mains. Bourde et ruse grossières, puisqu'on savoit que bien loin de les attaquer il avoit ordre secret de favoriser leur passage.

MM. de Laré et de Bachevilliers vinrent sur les nouvelles que je leur donnois en toute diligence : il ordonna au régiment de dragons de Sailly de le suivre et aussi les compagnies que j'avois à Vaisne, mais tout cela arriva trop tard à Salbertrand où ces Barbets vouloient passer la Doire pour se jeter dans leur vallée; il ne se trouva donc que les 8 compagnies que j'avois à Briançon, et les six que j'avois à Abriès, tout cela pouvoit faire 6 à 700 hommes.

Comme les Barbets parurent sur les hauteurs de Salbertrand, ils avoient leur gauche sur Oxille, c'est une assez bonne place, mais il n'y avoit qu'une compagnie de salade et de morte paie, de sorte que le commandant ne put envoyer à M. de Laré qu'un lieutenant, 15 soldats et un sergent; nous voyions ces gens-là à la portez d'une couleuvrine, mais ils nous voyoient encore mieux que nous ne les voyions et distinguoient tous les mouvemens que nous pouvions faire.

Sur les quatre heures du soir, c'étoit sur la fin de septembre, M. de Laré, M. de Bachevilliers, moi et quelques capitaines de mon régiment tiennent conseil de ce que nous devions faire : il étoit impossible d'aller aux ennemis dans l'endroit où ils étoient, les chèvres avoient peine à y monter :

d'abord, la lettre de ce résident fut prise comme un ordre de ce qu'il y avoit à faire contre 500 misérables sans pain et sans armes.

L'on se défend contre les Barbets. M. d'Aligny a une légere blessure.

Sur cela, voici comme M. de Laré raisonna pour ne les pas manquer (c'étoit le meilleur homme du monde que j'aie connu pendant plus de 8 ans que j'ai servi avec lui), il étoit non seulement lieutenant général, mais encore un des lieutenans de l'infanterie, fort brave, tout son défaut c'est qu'il aimoit un peu trop à boire. Il faut, ce me semble, disait-il, nous séparer sur tous les ponts et quais de la Doire qu'il faut qu'ils passent. M. de Bachevilliers, maréchal de camp, et l'un des plus sages officiers que j'aie connu, ne disoit rien, je dis bien qu'il vouloit écouter les avis de ceux qui composoient le conseil avant de rien dire. Je lui dis que la première maxime en notre métier étoit que tout mouvement en présence de l'ennemi étoit très dangereux, que sitôt qu'il auroit séparé notre petite troupe, nos ennemis ne manqueroient pas de les charger, et que je n'osois me fier à l'avis de M. d'Oberville, qu'il ne pouvoit être véritable ou qu'il falloit que M. de Savoie fut de concert avec eux. M. de Romecourt très bon officier, lui dit que s'il avoit une fois autant de troupes qu'il en avoit, il ne faudroit pas faire autant de détachements qu'il en vouloit faire. Le major de mon régiment n'avoit garde d'être de son avis, puisqu'ayant dit à M. de Bachevilliers ce qu'il en croyoit, il répondit qu'il n'avoit rien à ajouter à ce que j'avois dit. M. de Créancé étoit parent de M. de

Laré, qui, suivant ce qu'il avoit résolu fit tant de détachemens qu'il ne réserva pas 300 hommes pour disputer le pont de Salbertrand, mais la Doire étoit guéable presque partout. Ces détachemens étant partis, deux heures ne se passèrent pas, que voilà plus de 1.200 hommes les mieux armés qu'il se pouvoit, qui vinrent nous tomber sur les bras, nous fîmes une résistance qui n'étoit pas d'un régiment nouvellement fait ; M. de Laré eut un bras cassé, je fus aussi légèrement blessé au bras, un capitaine et deux lieutenans y furent tués, M. de Bogle lieutenant colonel blessé à la main droite et environ soixante soldats tués ou blessés.

Ces gens les plus déterminés qu'on ait vus puisqu'ils ont fait une guerre pendant 8 ou 9 ans, la plus opiniâtre qu'on ait jamais faite, ils ne laissèrent pas que de perdre une fois plus de monde que nous. Je les fis tous mettre avec les nôtres dans une grande fosse que je fis faire le lendemain par les communautés voisines, et c'est là les premiers coups tirés de cette grande guerre qui va commencer et qui a été aussi glorieuse qu'utile
prendre 60 à la France, et de plus on leur avoit fait 60 prisonniers. Mais M. de Bouchu(1) ayant fait pendre ou envoyer en galère ces prisonniers, cela fit faire d'étranges cruautés aux Barbets.

On ne fit cette année en Flandre, en Allemagne et partout, que se préparer à une bonne campagne.

(1) Intendant du Dauphiné et de l'armée.

M. de Savoie ne cherchant toujours qu'à en faire accroire, en attendant ses secours, pour se déclarer à la fin, comme il l'a fait.

M d'Aligny hiverne en Bourgogne et va à Versailles.

Je retournai sur la fin de novembre avec le Régiment hiverner en Bourgogne et sitôt que j'eus donné les ordres pour les recrues, je partis pour Versailles où le Roi eut la bonté de me recevoir le plus gracieusement du monde ; je vis aussi M. le Prince que j'avertissois de tout ce qui se passoit, il avoit bien fait ma cour au Roi. Les amis que j'avois tant dans la Maison du Roi qu'ailleurs, me témoignèrent une grande joie de me voir bien reçu de Sa Majesté, après 8 ou 9 ans d'absence : plusieurs me dirent qu'il falloit chercher quelqu'un pour me faire avoir la protection de madame de Maintenon, que le Roi avoit eu des maîtresses, mais qu'il n'en avoit jamais eu qui eussent tant de crédit : je leur répondis que je ne m'étois jamais adressé qu'au Roi pour les grâces que j'en avois reçues, que je n'avois garde de prendre une autre route, que d'ailleurs M. le Prince qui avoit eu la bonté de faire ressouvenir le Roi de moi, au commencement de cette guerre, étant de plus gouverneur dans la province où j'avois mon gouvernement, mon bien, et le régiment qu'il m'avoit procuré, m'ayant mis du nombre de ceux qu'il avoit proposé, auroit sujet de se plaindre : que je n'ignorois pas qu'une maîtresse (que quelques-uns croyaient être plus qu'une maîtresse), n'eût un crédit plus grand que son Altesse Sérénissime, mais malgré tout cela que je ne prendrois pas une autre route : et pour der-

On lui dit de se procurer la protection de Madame de Maintenon.

nière raison, qu'il falloit malgré que j'en eusse, avoir à faire à M. de Louvois.

VIE DE MME DE MAINTENON

ote sur Ma- Maintenon.

Madame de Maintenon, puisqu'il en est question, n'a jamais été une véritable beauté; mais elle avoit de l'esprit et du plus fin, puisqu'elle a su supplanter madame de Montespan. Voici l'histoire de cette dame que j'ai apprise de bonne part.

Elle étoit petite fille du sieur Daubigné, premier valet de chambre d'un de nos rois, il étoit gentilhomme et avoit du savoir, son histoire le prouve assez, elle ne seroit pas mauvoise si elle étoit écrite avec moins de partialité pour la religion prétendue réformée dont il étoit; madame de Maintenon et monsieur son frère que le Roi fit cordon bleu et gouverneur du Berry eurent un père à qui il arriva une très méchante affaire; il se trouva dans la conciergerie prêt à être jugé, et suivant les apparences, il alloit être condamné à à mort, il étoit fort bien fait, et son bonheur voulut que la fille du geôlier s'en amouracha et trouva le moyen de le faire sortir de cette prison et se sauva avec lui, et ayant trouvé un vaisseau prêt à partir pour le Canada, ils s'y embarquèrent, c'est en ce pays qu'elle est née; son père, après 20 ans d'absence et de proscription, ramena sa femme et sa fille en France, elle étoit très jolie, et très spirituelle ; il falloit que les biens de son père, ou par sa mauvoise affaire ou par une si longue absence dans un pays si éloigné se fussent dissipés, puisqu'il la maria à un poète comique, nommé Scaron, cul-de-jatte, c'étoit la figure la plus contrefaite qu'on eût jamais vue : ses ouvrages sont très agréables à lire, on prétend qu'il étoit gueux comme un poète ou comme un peintre.

Scaron étant mort, elle alla chercher un asile chez le marquis de Monchevreuil. Le Roi faisant élever les enfants qu'il avoit de madame de Montespan chez madame Albert, on jeta les yeux sur la veuve Scaron pour être leur gouvernante, et comme le Roi aimoit ces enfants avec une tendresse infinie, ce qu'il n'a que trop fait voir par ce qu'il a fait ou voulu faire pour eux, il les alloit voir souvent : il y trouvoit toujours madame Scaron, qui sut si bien se mettre dans l'esprit du Roi qu'elle est demeurée comme on l'a vu dans la suite, la maîtresse de toutes les grâces : il est vrai qu'elle a fait faire de grands biens à ceux qui l'avoient assistée dans sa nécessité · rien de si beau et de si louable que la reconnoissance, rien de plus naturel que de faire du bien à ceux qui nous en ont fait ; elle n'a jamais nui à personne qu'à M. de Catinat en supprimant les lettres qu'il écrivoit au Roi, ce qui a fait de grands maux à la France. Sans la duchesse de Bourgogne, je crois bien qu'elle ne seroit pas tombée dans une pareille faute ; enfin elle a su se conserver jusqu'à la mort du Roi avec toute son autorité, ce que peu de maîtresses ont fait, si à son âge on peut la traiter de maîtresse.

Le Roi alloit tous les jours chez elle depuis les six heures du soir jusqu'à dix heures qu'on le venoit chercher pour souper ; j'ai vu plus de quinze ans durant, sitôt que le roi y étoit entré, les secrétaires d'Etat y entrer les uns après les autres et M. le Chancelier au moins deux fois la semaine. Dès les huit heures, elle soupoit dans une autre chambre que celle où étoit le Roi avec ses ministres : le capitaine des gardes n'entroit jamais là. Dès que le Roi y étoit entré il retournoit chez lui jusqu'à dix heures. Les autres officiers demeuroient dans l'antichambre avec ceux qui le vouloient bien, de sorte que nous savions toujours l'heure à laquelle elle soupoit. Elle se levoit tous les jours à sept heures, et sa chaise étoit au pied du grand escalier pour la mener ou à la paroisse, ou aux Recolets pour prier jusqu'à onze heures à genoux. Souvent j'en ai été témoin et sitôt qu'elle avait dîné à midi, son carosse l'attendoit pour aller à Saint-Cyr, à une demi lieue de Versailles ; voilà comment elle passoit sa journée jusqu'à six heures du soir, que le Roi devoit entrer chez elle, je l'ai vu bien des fois arriver en même tems. Le Roi régloit si bien ses heures que pendant toute sa vie il n'y a pas manqué, ce qui fait qu'il en étoit mieux servi, chacun sachant à point nommé l'heure de son service.

SECONDE CAMPAGNE

1689. — 2e campagne.

La campagne qui suivit celle-ci, si l'on peut l'appeler une campagne, fut peu considérable, puisqu'elle se passa sans coup férir, qu'à Salbertrand et dans une petite rencontre près le col de la Croix par les six compagnies de mon régiment que j'avois à Arbriés où il y eut 35 Barbets de tués et 10 ou 12 des nôtres.

Sur ce qui étoit arrivé à M. le marquis de Larré à Salbertrand par étourderie de l'envoyé de Genève (qui lui avoit écrit que les Barbets qui étoient passés au lac de Genève étoient sans vivres et sans armes, de sorte que sur cet avis M. de Laré s'embarqua dans une affaire où il y eut grand nombre de soldats et d'officiers de mon régiment tués ou blessés, ces Barbets s'étant trouvés très bien armés), j'en écrivois à cet envoyé de Genève qu'il mériteroit les étrivières d'avoir quitté son poste pour aller voir à Lyon M. l'abbé de Colbert qui alloit à Rome, et c'est pendant son absence que ce corps de troupes qu'on disoit n'être point armé passa le lac de Genève, et quand il fut de retour, il manda que ce n'étoient que des misérables sans pain et sans armes.

Représailles des Barbets.

M. Bouchu qui étoit intendant alors du Dauphiné et de l'armée, de ces 60 prisonniers que nous avions faits à Salbertrand, avoit fait pendre les uns et envoyer les autres aux galères comme je l'ai déjà dit, ce qui fut cause de la plus affreuse représaille que firent pendant plusieurs années ces Barbets. J'en dirai deux mots en passant.

M. de Paru, lieutenant colonel du Régiment d'Artois, étant tombé entre leurs mains, nous trouvâmes qu'il lui avoit mis de la poudre dans les oreilles, dans la bouche et dans le nez pour lui faire sauter la cervelle. Un autre supplice plus cruel fut de mettre un prisonnier nud, le ferrer comme un cheval et le renvoyer. Voilà ce que causa M. Bouchu je ne sais par quelle raison, je m'y opposois tant que je pus, les Barbets le surent et cela me valut la vie comme je le dirai par la suite.

M. Bouchu, qui étoit ami de cet envoyé et qui étoit comme lui créature de M. Colbert, me dit un jour que j'avois écrit une lettre à cet envoyé de Genève et que si cet envoyé se plaignoit à la cour de la lettre que je lui avois écrite, je ne manquerois pas d'être châtié. Je lui dis qu'il n'avoit qu'à envoyer ma lettre au Roi : il n'avoit garde, il avoit quitté son poste dans le tems où il étoit le plus nécessaire. En sorte que notre conversation finit en me priant de ne plus écrire là-dessus, ce que je lui accordai très volontiers étant de mes amis, et l'ayant toujours été pendant les 8 ans que j'ai servi en Italie où il m'a fait plaisir dans les occasions. C'est assez parler de plus petites choses, parlons de plus grandes maintenant.

1690 — 3ME CAMPAGNE

Le Roi voyant toute l'Europe liguée contre lu et les armées de tous les souverains et Etats voisins prêtes à entrer en action, il ne vouloit pas êtr prévenu. M. le Dauphin prit Philisbourg avan qu'ils eussent accordé leurs flûtes ; rien ne leu étoit plus important que cette place ; c'étoit u passage que le Roi se faisoit pour entrer en Allemagne.

Prise de Philisbourg.

Avril 1690. — M. d'Aligny va à la Rochelle.

Les Hollandois armoient sur mer et menaçoien surtout la Rochelle où il n'y avoit presque personne : le Roi y fit marcher mon régiment ave celui de M. de Ménoud. Ce fut dès le mois d'avr que je partis d'Autun où mes vingt compagnie s'étoient assemblées.

Les Hollandois voyant que la Rochelle étoit e meilleur état qu'ils n'avoient imaginé, prirent u autre chemin ; nous aurions aussi armé de notr côté, et on peut dire que pendant cette guerre, l Roi fut le plus glorieux sur terre et sur mer.

M. d'Aligny va en Italie.

Le Roi voyant cette place hors d'insulte de l part de ces républicains, je reçus ses ordres pou aller joindre M. de Catinat en Italie, qui y éto entré avec une armée de 25 mille hommes : il fai soit vivre son armée grassement en prenant de postes près de Turin, ce qui ne plaisoit guère

M. le duc de Savoie. Mais quand le prince Eugène fut arrivé avec les troupes impérialles qui se joignirent aux siennes avec les Espagnols, alors il se mit en campagne, c'étoit vers le 25 du mois d'août ; comme j'étois parti de la Rochelle dans le mois de juillet, je fus assez heureux pour arriver l'avant-veille de la bataille, j'y aurois bien été deux jours plus tôt, mais M. de Catinat m'envoya ordre d'aller ravager la vallée de Saint-Martin et après cela lui amener son canon qu'il avait laissé à Pignerolle, ce que je fis et le lui rendis dans son camp près de Stafarde.

Il eut une grande joie de me voir à laquelle je fus fort sensible, mais ce qui augmenta sa joie, ce fut quand il vit mes deux beaux et bons bataillons où il ne manquoit aucun officier mais seulement 15 soldats : j'avois pris tant de soin de mon régiment que pendant une si grande route et par une canicule la plus brûlante qu'il y ait eu depuis bien du tems, que je le rendis en bon état après un voyage de 188 lieues. Je me levois avec quelques officiers à la pointe du jour, j'allois remarquer quelques endroits à moitié chemin le plus à couvert et proche quelques ruisseaux, et là je leur faisois passer 6 ou 7 heures les plus chaudes du jour.

Ce n'étoit pas une nouvelle connoissance que je faisois avec ce général, car lorsqu'il étoit capitaine aux gardes il faisoit chambrée avec le marquis de la Tournelle et mon ami : de plus sa grand'mère de la Maison de Montessus étoit la tante de ma femme, même nom, mêmes armes. Pendant les campagnes, comme je campois près les quartiers du Roi, le régiment des gardes n'en étoit pas loin et souvent nous mangions ensemble; il en fut Major, et ensuite Major-Général : le Roi lui connaissant un génie supérieur ne tarda pas à le faire maréchal de camp, et puis Lieutenant-Général; il fut employé à des choses importantes : c'est lui qui fit avec M. de Mantoue le traité pour Cassal. Enfin étant devenu Général de l'armée d'Italie, M. de Savoie s'étant mis en campagne, s'approcha de nous de si près que le lendemain 18 août, il y eut une bataille.

Bataille de Stafarde.

Le prince Eugène représenta à M. de Savoie, qu'il ne falloit pas s'approcher si près de nous, il lui répondit à cela qu'il alloit prendre le poste de Stafarde, qui étoit inattaquable ; deux grands marais couvroient les deux ailes et sur les bords de ces marais il y avoit des cassines qu'il remplit d'infanterie et à son front c'étoit des ravines où il y avoit posté son canon et des chevaux de frise : tout cela paraissoit comme j'ai dit inattaquable. M. le Prince Eugène lui dit encore qu'il s'étoit trop approché, que l'intérêt de ses ennemis étoit de donner combat, et que s'il venoit à le perdre à la porte de sa capitale, il seroit fort embarrassé par rapport aux suites : cependant il avoit pris son poste où il croyoit ne pouvoir être attaqué. Il se trompa: la veille du combat M. de Catinat envoya M. de Mongomery, colonel de cavalerie, reconnoître si nous étions aussi près les uns des autres que nos partis et les gens du pays nous le disoient : il rapporta qu'oui.

Notre Général qui avoit marché en bataille y campa et fit remplir les intervalles de sa première ligne par la deuxième, j'étois de cette seconde ligne et de la brigade de M. Clerembaut. Ce Marquis avoit été pris par les Barbets qui avoient presque défait le régiment de Luc et celui du marquis de Boissière qui fut aussi pris. Ce colonel, son lieutenant-colonel, le major et 5 capitaines y avoient été tués sans compter les subalternes et quasi tous les soldats. Je me trouvai donc l'ancien colonel et je commandoi cette Brigade qui se trouva de neuf bataillons. Je n'eus pas sitôt posté un petit corps de garde à la tête de mon bataillon, sitôt que j'eus rempli l'intervalle dont j'ai parlé. L'étant allé visiter (c'étoit le chevalier de Chausigny qui le commandoit) on étoit si près des ennemis que trois soldats étant venus à ce corps de garde, croyant que ce fut des leurs, la sentinelle ayant crié qui vive, ils répondirent Savoie, je dis à Chausigny qui avoit son fusil, tirez ce coquin là, nous allâmes vers la sentinelle et nous trouvâmes que le coup avoit cassé la jambe à l'un et les deux autres se sauvèrent.

Je fis porter le blessé à M. de Catinat qui n'étoit pas loin de là. avec MM. de Quinzon et de Feuquières, maréchaux de camp, officiers de Catinat, qui savoit fort bien l'Italien et bien d'autres langues, passant pour un des hommes les plus savants en toutes sortes de sciences, ce qui fit dire à M. de la Feuillade, qui cependant ne l'aimoit pas, qu'il seroit aussi bon chancelier que général d'armée :

ce soldat blessé répondit que M. le duc de Savoie était avec toute son armée au camp de Stafarde.

Le rapport de M. de Mongomery s'étant trouvé véritable, M. de Catinat avoit fait tâter Saluce où le colonel de Bourbon fut tué : il n'y avoit pas deux heures qu'il avoit été reçu à la tête de son régiment : notre Général ne crut pas, étant si près d'une grande armée commandée par un souverain, car elle étoit de plus de 30 mille hommes, devoir s'attacher à cette place : il ne songea donc à rien autre pendant la nuit qu'à trouver le moyen d'attaquer M. de Savoie dans un camp aussi fort qu'étoit le sien à Stafarde.

Cependant, M. de Saint-Silvestre, maréchal de camp, très brave homme et très intelligent, et dont M. de Turenne s'étoit bien servi autrefois, mit en tête à M. Catinat que M. de Savoie pouvoit être attaqué : notre Général qui ne faisoit rien que par lui-même avoit aussi remarqué de son côté par où cette attaque se pouvoit faire, d'ailleurs il en avoit au moins autant d'envie que M. de Saint-Sylvestre, puisqu'il fut fait Maréchal de France aussitôt qu'il eût gagné cette bataille, il fit marcher la première ligne avec son canon, c'étoit le second Bataillon de mon régiment qui y fut mis avec un de Royale artillerie. Jamais on n'entendit un si grand feu. Lorsque cette première ligne vint aux mains avec les Espagnols qui étoient au front des ennemis et qui étoient très avantageusement postés, il fallut toute la vigueur de nos bataillons pour soutenir un si grand feu et si long, et l'on peut dire que si cette première ligne contribua beaucoup au gain de cette bataille, que sans la seconde elle auroit risqué d'être battue, c'étoit M. Duplessis-Lelièvre qui la commandoit. M. de Catinat voyant que sa première ligne ne pourroit plus soutenir un si grand feu par la perte qu'elle avoit faite, il envoya un aide de camp à M. Duplessis lui dire de se presser : « Dites à M. de Catinat que je » n'irai pas plus vite, que je veux arriver en bon » ordre pour combattre, que la première ligne » chamaille, pourquoi est-elle première ligne. »

C'étoit un excellent officier, son père l'avoit été de même j'étois près de lui, nous avions en marchant une grande et large haie qui se replioit souvent, aussi c'est ce qui fit dire à M. Duplessis qu'il n'iroit pas plus vite, voulant arriver dans un état à forcer cette première ligne qui à la vérité étoit aussi maltraitée que la nôtre.

Nous arrivâmes donc, et comme la 1re ligne se mit dans nos intervalles et même derrière nos bataillons pour se refaire, les Espagnols, qui s'étoient bien défendus, furent mis en déroute : aussi M. le Prince Eugène dit à M. de Savoie, voyant arriver cette seconde ligne si fièrement et en si bon ordre : « retirez-vous, Monsieur ».

d'Aligny com- la tête de son ent.

Les neuf bataillons où j'étois faisoient la gauche de cette seconde ligne, je combattis à la tête de Bataillon de mon Régiment, je pouvois me mettre à la tête de celui de Clerembault, vieux et bon régiment, mais je voulois voir et empêcher que ce nouveau régiment ne fit quelques mauvaises manœuvres ; ni celui qui étoit à l'artillerie ni celui où j'étois ne firent qu'excellemment bien, et que manœuvres de bonnes et vieilles troupes.

M. de Catinat vint à moi et me dit, lorsque j'allois charger, que notre cavalerie et nos dragons n'ayant pu passer à cause des marais, que notre flanc étant découvert, le corps des ennemis nous pourroit peut-être faire perdre ce que nous croyions déjà gagné : je crus qu'il vouloit que je fisse faire, à cette brigade, un quart de conversion pour couvrir le flanc dégarni, j'avois fait approcher le major qui lui touchoit la botte pour écouter, car le canon et la mousqueterie faisoient une terrible musique. Ce pauvre Major eut la jambe cassée.

M. de Catinat tournoit le dos pour me donner les ordres au sujet du Bataillon qui m'étoit opposé et que j'observois de tous mes yeux. Je lui dis : « Monsieur, il n'est plus temps que de charger, le « bataillon va nous saluer ». En effet, il fit sa décharge dans le moment : j'eus dans mon bataillon de cette salve 70 soldats de tués ou blessés, deux capitaines blessés et deux lieutenans tués ; nous n'eûmes pas grande peine à défaire ce bataillon, et nos autres bataillons défirent ceux des ennemis qui étoient pareillement devant eux.

Il falloit encore dénicher ceux qui étoient dans les cassines : M. de Catinat se servit de la brigade où j'étois et Clerembaut commença cette attaque, il fallut mettre le feu dans quelques-unes de ces cassines pour s'en rendre maître. M. de St-Silvestre voyant que notre cavalerie et nos dragons ne nous avoient servi de rien à cause de ces marais impraticables, n'avoit pas laissé de tenir en échec celle des ennemis ; il ne manqua d'en faire passer dans quelques endroits pour poursuivre les paresseux.

L'infanterie ayant gagné la bataille n'avoit plus rien à faire qu'à se reposer sur le champ de bataille ; je me joignis à M. de Saint-Sylvestre qui me faisoit l'honneur de m'aimer, comme il faisoit chambrée avec M. de St-Maurice, n'ayant point d'équipage pour donner à manger ils m'invitèrent à prendre mes repas avec eux.

Nous voilà donc aux trousses des moins diligents qui se sauvoient à Turin où M. de Savoie faisoit sa retraite,on fit encore bien des prisonniers, et comme ils avoient fait cacher bien du canon dans les bois, nous en trouvâmes trois pièces avec les onze que nous trouvâmes sur le champ de bataille.

Comme on avoit été en action depuis la pointe du jour jusqu'à la nuit sans manger, on avoit besoin de repos. M. de Saint-Sylvestre, au retour de son expédition m'emmena. Nous trouvâmes M. de Catinat couché sur du sable avec M. de Quinson, M. de Feuquières et quelques autres officiers, nous nous reposâmes aussi.

M. de Catinat avoit mandé à M. Bouchu, intendant de l'armée, de lui envoyer quelque chose à manger, ce qu'il fit.

M. de Grefeuille qui commandoit une petite réserve nous raconta les frayeurs que M. Bouchu avoit eues, nous passâmes la nuit là.

Sur le jour, un soldat amena un moine sorti de l'abbaye de Stafarde, il se trouva que c'étoit M. le Marquis de Monasterol qui avoit pris un habit de moine pour se sauver ; comme il avoit quitté sa perruque, il n'y a personne qui ne l'eut pris pour un vrai moine : il avoit été ambassadeur, et M. de Catinat le voyant, le reconnut d'abord et lui dit : « Monsieur, comme vous voilà équipé » il étoit lieutenant général et se mit lui-même à rire « Si « vous avez quelques-unes de vos terres ici près, « allez-vous changer » il s'y en alla sur sa parole. Tous les prisonniers furent traités le plus honnêtement du monde.

Saluce se rend.

Le lendemain on fut visiter Saluce qui se rendit sans cérémonie. On s'y reposa deux ou trois jours ; après s'être rendu maître de quelques petits postes sur le Pau, notre Général mena son armée à Raconnis, le meilleur et le plus beau canton du Piémont à 4 lieues de Turin.

M. de Savoie entrant à Turin trouva à sa porte Mad[e] de Savoie, il lui dit seulement : « Nous venons d'être bien étrillés ».

En allant à Raconnis, on prit Tossan, Savillon et Villefranche ; Carignan avait été pris avant la bataille, mais comme c'est une ville toute ouverte, M. de Savoie étant venu avant nous, s'en étoit rendu maître. Cela ne lui avoit pas été difficile puisqu'on n'y avoit laissé personne.

M. d'Aligny est du camp de Raconis.

Nous fûmes au camp de Raconis près de deux mois à nous reposer où plusieurs Régimens nous joignirent. M. de Catinat sur la fin de ce camp congédia tous les régimens des provinces qui avoient été faits nouvellement hors le mien : il y en avoit d'autres qui avoient péri par le flux de sang : il n'eut pas de peine à donner des ordres pour celui de Duluc, car en venant à Pignerol pour faire le siège de Suze, le jour qu'on campa à Grésillan ce qui restoit de ce régiment s'évanouit : comme il étoit campé près de moi, je rapportai les drapeaux à Pignerol. L'on a bien raison de dire que l'Italie est le tombeau des François, il n'est pas concevable combien de soldats moururent du flux de sang sans ce que l'on perdit le jour de la bataille. Grancé qui étoit le plus ancien régiment avoit de la peine à fournir les 50 hommes de garde pour le Général, avec les quelques soldats pour les autres détachemens : le raisin en Piémont est aussi dangereux pour la santé que celui de l'Allemagne y est bon, tel que les raisins de Binguenne, de Crusnacht, Baccara et autres lieux. Mon régiment se conserva très bien, les autres faisoient du vin et ils ne le savoient pas faire comme nos Bourguignons, ce qui les foisoit périr du flux de sang; nos Bourguignons avoient trouvé que la brique rougie au feu ôtoit la malignité au vin nouveau. Ils firent crier tous les colonels contr'eux ayant défendu à leurs soldats de faire du vin, mon Régiment devint le cabaret de l'armée. M. de Catinat en ayant eu des plaintes, je lui dis que mes soldats se portoient à merveille et qu'ils n'étoient pas cause que les autres n'eussent pas su faire le vin. Jamais soldats ne sont devenus si riches en campagne que les miens, et les officiers si pauvres.

J'avois oublié de dire que MM. de Larré et de Bassevilliers étoient demeurés pour s'opposer aux Barbets et aux soulèvemens des Huguenots, tant du Dauphiné que du Vivarais, qui vouloient se remuer parce qu'on faisoit la guerre aux Barbets qui étoient de leur religion.

On décampa donc de Raconis, l'un des plus beaux et des meilleurs endroits de l'univers; M. de Savoie y a une très belle maison, et le jardin surpasse tout ce qu'on peut voir.

M. de Catinat donnait tous les jours l'ordre dans ces belles allées de jardin : les orangers y sont en pleine terre et à plein vent, et ceux qui n'y étaient pas, M. de Catinat, avant de partir, les fit mettre dans la serre, et pendant deux mois qu'on y fut, on ne toucha pas une fleur d'orange : il n'en fut pas de même de la glacière, notre général en faisoit distribuer tous les jours aux officiers, et nous en laissâmes encore beaucoup quand nous partîmes.

M. d'Aligny va au siège de Suze qui se rend.

Les régimens qui n'étoient pas en état, furent renvoyés en France comme je l'ai dit plus haut : nous voilà donc en marche pour aller assiéger Suze, je fus commandé pour aller par les Pragelas, puis par la vallée d'Ours avec le canon. Les troupes ayant passé Fénestrel descendirent par le col de la Fenestre.

Comme j'étois parti deux jours devant, j'arrivai à Suze presqu'en même temps que l'armée; nous trouvâmes que les ennemis avoient abandonné la ville, et les habitans avoient laissé leurs maisons vuides, on s'y logea, et dans les fauxbourgs où fut mon quartier. Après avoir reconnu la citadelle qui n'est pas mauvoise, on monta la tranchée par deux endroits et notre canon fut mis en très peu de tems en batterie, il y avoit 4 ou 500 hommes dedans qui firent mine d'abord de vouloir se bien défendre.

M. de Catinat n'avoit qu'un Maréchal de camp avec lui, qui étoit M. de Quinzon, officier de cavalerie : il avoit laissé M. de Feuquières, homme d'infanterie, à Pignerole pour faire la guerre aux Barbets, et M. de St-Silvestre fut commandé pour faire repasser les monts à la cavalerie, preuve qu'on ne laissoit pas de gagner des batailles sans tant de lieutenans généraux : il n'y avoit que trois maréchaux de camp, pas une troupe de la Maison du Roi ni de la gendarmerie, pas un vieux régiment, tout cela étoit demeuré en Allemagne, en Flandre et en Rousillon où le Roi les employa si glorieusement.

Au bout de trois jours de tranchée ouverte à cette citadelle, comme M. de Catinat avoit peu d'officiers qui se fussent trouvés à des sièges, la paix ayant duré 8 ou 9 ans, les vieux colonels avoient vendu leurs régimens à des jeunes gens, sans compter ceux qui étoient morts, je couchois tous les jours à la tranchée. Le feu s'étant pris dans les magasins de nos ennemis par une bombe, il y eut quelques gens de la ville qui, ayant ouï un grand bruit et vu un grand feu, allèrent dire à M. de Catinat que le feu avoit pris à nos poudres ; nous étions fort près de la place, les avenues très commodes et très à couvert, aussitôt j'allai porter cette bonne nouvelle à notre général, à qui on avoit donné une fausse alarme, il me parut que je lui avois fait grand plaisir. La citadelle se rendit le lendemain ; on perdit fort peu de monde à ce siège, il dura très peu, et presque point de résistance pendant le peu de tems qu'il dura. Il ne mourut des soldats à ce siège que de flux de sang.

M. d'Aligny rétabli va à Versailles.

Je tombai malade si dangereusement que je fus dix jours à Briançon où je fus porté, sans connoissance. Suze étoit si fort infecté quand nous y arrivâmes par les soldats de M. de Savoie dont il étoit une si grande quantité, qu'il y en avoit eu trente d'enterrés dans la cour du logis où j'étois et ils avoient été si mal enterrés que c'étoit une puanteur horrible ; et c'est sans doute ce qui me fit tomber malade. J'avois été d'ailleurs fort fatigué de la route de Bourgogne à la Rochelle et de la Rochelle en Italie ; cette grande maladie ne m'empêcha pas d'aller à la Cour au mois de mars où le Roi me témoigna être fort satisfait de mes services ; M. de Catinat avoit très bien fait ma cour par ses lettres, car il n'alla pas en cour et passa l'hiver à Oulk pour être plus près de M. de Savoie qui commença dès Stafarde à ne le guère aimer.

En Allemagne, Monseigneur prit Philisbourg à la barbe des impériaux qui n'osèrent jamais l'attaquer.

En Flandre, M. de Luxembourg battit le vieux général Valdek à Fleurus.

En Catalogne, M. de Noailles prit Rose. Et nos

généraux de mer rendirent le Roi aussi glorieux sur mer que nos autres généraux le faisoient sur terre.

4me CAMPAGNE, 1691

M. d'Aligny va [re]dre M. de Catinat [avec] son régiment au [moi]s de mars.

M. de Catinat me demanda pour la campagne suivante avec mon régiment et qu'on me fît partir dès le mois de mars. Je n'étois parti que sur la fin de novembre pour la Bourgogne et quoique je n'eusse pas beaucoup de tems à me préparer pour les réparations qu'il y avoit à faire aux vingt compagnies de mon régiment qui avoit passé peu de tems en quartier d'hiver aux dépens de la province de Bourgogne, son Altesse Sérénissime envoya des ordres pour faciliter en diligence des recrues ; j'avois ramené le régiment en bon état excepté ce qui avoit été tué à la bataille, ce qui faisoit un grand soulagement à la Bourgogne puisque dans les autres provinces il falloit refaire presque tout de nouveau leurs régiments et cela pendant tout le tems que cette guerre dura qui fut de dix ans ; et comme je ramenois toujours le régiment en bon état par mes soins et par la dépense que j'y faisois, il est à juger que n'ayant jamais été trois mois sur les crochets de la province pendant que les autres y étoient des cinq ou six mois, combien d'argent je lui épargnai, sans compter les désordres des soldats qui étoient tous séparés, excepté une seule année qu'on les mît dans les villes.

On me fit donc partir dès le mois de mars après avoir assemblé le Régiment à Chalon, pour aller joindre M. de Catinat, et lorsque je fus arrivé à Briançon il me manda que lorsque le Régiment seroit arrivé à Sézannes qui est au près du mont Genèvre du côté du Piémont, je l'allasse trouver à Oulk, pour y recevoir ses ordres : je trouvai qu'il avoit reçu le bâton de maréchal de France, dont j'eus une joie infinie : il me fit l'honneur de me montrer son remerciement au Roi, rien n'étoit si bien dit.

M. d'Aligny va commander à Fenestrel.

Comme mes ordres étoient d'aller commander à Fenestrel, le poste le plus imposant qu'il y eut dans toutes ces vallées et où dès ce tems là il avoit envie de faire construire une place qui fut de 5 bastions (ce qui fut exécuté quelques temps après). J'avois encore un ordre qui enjoignoit à tous les colonels de m'obéir, il me donna en même temps ses ordres où les Régiments qui devoient arriver seroient postés et ceux qui avoient passé l'hiver, où ils se seroient changés.

Je m'en allai donc à Fenestrel pour mettre ces ordres à exécution en attendant qu'on put se mettre en action, car les neiges occupaient non seulement ces cols, mais encore les passages ordinaires et l'on ne passoit qu'avec toutes les peines du monde.

Le Roi qui en personne vouloit agir en Flandre, en Allemagne et en Catalogne, par ses généraux, ne put envoyer des troupes en Italie comme il avait fait les années précédentes. M. le duc de Savoie piqué de la perte de la bataille de Stafarde et de la perte de Suze qui lui étoit un grand obstacle pour rentrer en Savoie où il n'avoit pas un pouce de terre, mais encore de Casal et de Pignerol, les grandes contributions qu'on exigeoit de Piémont, il ne faut pas s'étonner s'il fit tout ce qu'il put pour prendre sa revanche, le voilà donc sur le point d'attaquer : au contraire M. de Catinat qui n'avoit plus tant de troupes, sans cavalerie ni canon, obligé de se conserver le mieux qu'il pourroit.

D'abord M. de Savoie envoya des troupes réglées aux Barbets avec de bons officiers pour les fortifier, ils s'étaient déjà pas mal aguerris. La Pérouse qui étoit un poste plutôt qu'une place de guerre fut le premier objet des armes du duc de Savoie, il n'eut pas grande peine à en venir à bout. De là, il lui fut encore plus aisé de faire plier M. de Catinat jusqu'à Fenestrel ; il le tenoit comme une gauffre entre deux fers, il le faisoit pousser en se saisissant de la Pérouse par les Préjelas où nous étions, et lui par la vallée de St Martin, et M. de Passy par celle de Suze. Le Prégelas se trouvant entre ces deux vallées, il se trouvoit que nous étions dans la situation de la gauffre entre deux fers. En repliant de la Pérouse à Fenestrel, les régimens de Saulx et de Nivernois faisoient l'arrière garde, Saulx cependant essuyant le feu; il se trouva que les Barbets ayant fait passer le Tison à un de leurs détachemens, tombèrent sur les bagages du régiment de Nivernois et les pillèrent entièrement: mais six compagnies de mon régiment qui étoient au poste de Sauvage qui étoit de leur côté ayant eu ordre de M. de Catinat de le joindre à M. de Fénestrel tombèrent sur les Barbets, les battirent et reprirent le butin dont le régiment ne profita guère, car ayant été commandé pour aller au col de la Fenestre mes soldats vendirent au quartier du Roi ce qu'ils avoient pris aux Barbets, de sorte qu'on ne put retrouver que bien peu de chose, que je fis rendre à M. de Liberta, lieutenant général de ce régiment. Sur l'avis du corps des troupes que M. de Savoie avoit dans les vallées de Suze, M. de Catinat me détacha avec 5 bataillons dont Nivernois en étoit un pour aller au col de la Fenestre, et c'étoit par là que M. de Palfy devoit tomber sur Fenestrel et couper la retraite à notre général.

M. d'Aligny est détaché avec 5 bataillons.

Il envoya en même tems M. le Grand-Prieur, au col de la Rousse avec quatre bataillons, mais par ce col, on ne pouvoit que très difficilement tomber sur notre général. Sitôt que je fus arrivé au col de la Fenestre, qui est un des aussi hauts qu'il y ait dans les Alpes, où j'avois ordre de faire quelques retranchements, M. de Rochevilliers qui commandoit à Suze me manda de faire savoir à M. le Maréchal que Palfy n'avoit avec lui que de la cavalerie.

J'avois trouvé de vieux retranchemens que le médecin Perron avoit fait faire lorsqu'il battit si bien le grand-père de M. le duc de Savoie ; ce médecin avoit un si grand crédit dans nos vallées qu'il les avoit armés, et comme il étoit brave et entendu, il rendit un service important à la France.

'Aligny entraverses.

Je n'eus pas besoin de ces retranchemens, car M. de Catinat ayant su que ce n'étoit pas de ce côté là que l'on seroit inquiété m'envoya ordre de prendre ces cinq bataillons et et de les ramener aux traverses où j'en trouvai deux qu'il y avait envoyés, les traverses sont au pied du col de Pis et c'est ce col qu'il faut passer pour tomber aux traverses qui est dans le Pragelas.

M. de Savoie en personne avec la plus grande partie de ses troupes venoit par la vallée de Saint-Martin, son véritable dessein étoit en tombant par ce col sur les traverses, de couper la communication et de prendre Pignerole à son aise. Il n'en faisoit aucun doute, il étoit très supérieur, il avoit pris la Pérouse, avoit fait replier M. de Catinat jusqu'à Fenestrel, le tenoit par la vallée de Suze et celle de Saint-Martin dans la situation la plus terrible.

Il falloit donc soutenir les traverses ou bien s'aller retrancher au mont Genèvre; sitôt que je fus arrivé, je pris les deux bataillons et m'élevai sur les traverses où je laissai cent hommes détachés, dans l'église et dans le cimetière qui étoit bien retranché.

Il y avoit à Joseau un réduit, celui-ci est à moitié chemin de ce grand col fort raide, de sorte que Joseau paroit comme un nid d'hirondelles appliqué contre quelque grosse tour ; j'y envoyai un capitaine qui y fit la plus belle défense possible. Il y avoit une maison à la tête de son quartier, il s'y accommoda le mieux qu'il put.

Pendant ce tems-là, je voyois de grands détachemens que faisoit M. de Savoie pour l'aller visiter, ce qui fit que je lui envoyai trente soldats et un lieutenant de mon régiment.

A peine ce renfort que j'envoyai fut-il arrivé que cette maison fut attaquée, c'étoit par des détachemens des gardes de M. de Savoie commandés par deux capitaines qui y furent tués, et il fallut qu'on mit le feu dans cette maison pour en dénicher nos gens qui se retirèrent dans le réduit qui fut attaqué et deffendu vivement, et c'est là où un de ces deux capitaines fut tué.

Je voyois tout ce feu qui ne pouvoit durer longtems, de sorte que j'ordonnai à M. le comte de l'Ile, colonel de Barois, d'aller avec les Grenadiers de son régiment dans une coulisse, que je lui avois montrée pour favoriser la retraite de ce brave capitaine à qui j'envoyai ordre de se retirer avec ses gens et mon lieutenant qui y fit aussi des merveilles ; il s'y perdit 15 ou 20 soldats tués ou blessés et le sergent de mon Régiment que j'ai toujours regretté. Lorsque mes détachemens arrivèrent qui tuèrent à M. de Savoie ces deux capitaines et plus de 60 soldats, M. le marquis de Varenne, maréchal de camp, m'envoya un officier du col Cestriel où il étoit avec quatre bataillons, me dire d'envoyer, en toute diligence, à M. le Maréchal, pour l'avertir que M. de Larré seroit dans deux heures avec dix bataillons à Cestriel, qui n'étoit qu'à une lieue de moi.

Or, comme mes espions m'avoient assuré que M. de Savoie avoit laissé presque toute son infanterie vers la Pérouse et Briqueras et sachant que notre général étoit en marche pour venir aux traverses, je lui demandai que sur ma tête je répondois que M. de Savoie ne descendroit pas plus bas, et qu'il pouvoit aller reprendre son poste à Fenestrel.

Il me manda de lui envoyer de demi-heure en demi-heure un officier pour l'instruire de ce que je saurois, qu'il avoit envoyé M. le marquis de Bellefond avec un parti vers le col de Pis, qui lui confirmoit la nouvelle que je lui donnois, et qu'il s'en retournoit avee 16 bataillons qu'il avoit à Fénestrel.

Pendant ce tems, M. de Larré arrivoit au col de Cestrel, et en ayant eu avis, j'écrivis en même temps à notre Général que c'étoit cette fois que je pouvois l'assurer que M. de Savoie alloit s'en retourner par où il étoit venu.

Il commençoit à faire froid surtout sur le col du Pis qui est fort haut; comme il m'étoit ordonné d'envoyer de moment à autre de mes nouvelles, je lui écrivis que je voyois MM. les princes de Commery et Eugène sauter sur des bâtons que des pages tenoient pour s'échauffer, et que le froid les chasseroit dans peu de tems de mon voisinage; aussi se retirèrent-ils deux heures après, et ils firent bien, car ils étoient descendus aux traverses, près de 20 bataillons que nous faisions entre MM. de Larré, de Varenne et moi, tous les trois Bourguignons, nous les aurions taillés en pièces ; ainsi, par ces manœuvres, sur lesquelles je me suis étendu, on sauva Pignerol qui étoit perdu sans ressource et Casal par conséquent s'il avoit fallu replier au mont Genèvre.

Les affaires de Flandre, d'Allemagne, même en Roussillon, n'étoient pas dans la même situation : M. de Luxembourg gagna en Flandre des batailles qui feront vivre son nom éternellement : Fleurus, Nervinde, Stinkerke, St-Denis et le combat de Leuze que j'estime autant qu'une bataille, en sont d'illustres monuments.

Pendant que je suis à parler des hauts faits de M. de Luxembourg, il faut que je dise encore la chose la plus extraordinaire : qui pourra croire que ce grand homme si couvert de gloire s'est vu mettre en prison au sujet de la Jobin qu'on faisoit passer pour sorcière et magicienne et surtout pour empoisonneuse ; il n'y a que le Roi, quelques-uns de ses ministres, et M. de Janvelle qui commandoit pour lors la deuxième compagnie des mousquetaires du Roi qui aient ce mystère. On a dit que M. de Luxembourg disant qu'il ne connaissoit pas la peur, cette magicienne l'avoit accusé de sorcellerie : mais passons rapidement sur des faits qui ne peuvent faire honneur à notre siècle.

Revenons à M. de Catinat, qui avoit si peu de troupes, et avoit à faire à un prince piqué qui étoit fort supérieur en troupes et qui poussoit jusqu'à la fureur, la haine qu'il avoit contre la France. On lui avoit payé la contribution convenue, cependant, peu de jours après, il brûla 25 ou 30 lieues de pays.

Nous avions ménagé avec une grande attention et un respect infini une maison de plaisance qu'il avoit dans le Piémont, c'est Raconis. M. de Catinat en avoit pris tout le soin qu'il auroit pu prendre si elle avoit appartenu au Roi; par respect pour M. de Savoie, il n'y avoit pas voulu loger; il alloit se promener dans les jardins, mais personne de sa suite n'auroit détaché une fleur d'orange ni un fruit d'un arbre; cependant nous fîmes brûler Gap, ville épiscopale, sans qu'il y resta ni maisons ni églises; Vaisne, aussi grande que la ville de Gap, fut traitée de même; Embrun auroit eu la même destinée si M. Catinat n'avoit envoyé le père Charbonnier, jésuite, qui représenta si vivement au général des Allemands le tort que se faisoit M. de Savoie par une pareille conduite, qu'il empêcha non seulement cette ville, où il y a un archevêché, d'être brûlée, mais encore il ne voulut pas toucher son tiers de l'argent donné pour éviter ce malheur; le Général espagnol n'eut pas cette délicatesse et ne fit pas de même.

En ce tems-là, M. de Savoie faillit mourir de la petite vérolle, mais un médecin d'Embrun, qui connut sa maladie mieux que son propre médecin, le tira d'affaire.

M. de Catinat étant allé en cour, on lui promit

qu'il ne passeroit pas la campagne sur la défensive à n'oser paroître comme il avoit fait l'autre.

J'allai aussi à Versailles où je suppliai le Roi s'il faisoit des Brigadiers de ne me pas oublier, il me répondit qu'il n'y avoit pas trois ans que je servois à la tête d'un Régiment : je répondis que j'espérois qu'il n'auroit pas oublié mes anciens services : il me dit d'un air très gracieux qu'il y penseroit. Je pris congé.

Comme M. de Catinat m'avoit demandé de très bonne heure pour la campagne prochaine, je me disposai à partir.

5ME CAMPAGNE — 1692

M. d'Aligny part au mois de mars, il est fait Brigadier.

L'on me fit partir dès le mois de mars, ma route fut par Chambéry, où M. de la Hoquette étoit en qualité de Gouverneur de la province, il m'avoit envoyé un courrier qui me rencontra que je passois le mont Buchat, c'étoit pour m'apprendre que le Roi m'avoit fait Brigadier.

La saison étoit encore fâcheuse, hors d'apparence de se mettre sitôt en campagne : je fus avec mon 1er bataillon trois semaines à Chambéry, j'avois été près de vingt ans avec M. de la Hoquette dans la 1re compagnie de mousquetaires du Roi, ami très particulier ; il mit mon second bataillon à

Anécy. Il devoit servir cette campagne d'un des lieutenans généraux sous M. de Catinat.

Pendant le séjour que je fis avec lui, je l'accompagnai dans la visite qu'il fit des places de Savoie et de Monmélian qui ne fut pas oublié ; cette place que M. de Savoie croyoit et disoit être imprenable fut pourtant prise en peu de tems.

Le tems et la saison s'avancèrent, M. de Catinat avoit obtenu des troupes pour faire bonne contenance pendant la campagne, comme il fit.

Le tems étant donc venu de faire repentir M. le duc de Savoie de ses mauvoises manœuvres pendant la dernière campagne, la première chose que fit M. le Maréchal (après s'être assuré qu'il seroit bien accompagné, ce que M. de Savoie ne croyoit pas, parce qu'il comptoit que le Roi attaquant les plus fortes places de Flandre en personne, pour la prise desquelles il avoit besoin non seulement d'une armée pour assiéger mais aussi d'une autre pour couvrir le siège, en sorte, disoit-il, qu'il ne pouvoit y avoir des troupes pour M. de Catinat, et comme d'ailleurs le général Rabutin étoit arrivé avec de bonnes troupes, il se croyoit plus supérieur que jamais en force, en quoi il se trompa), la première chose que fit donc M. le Maréchal, fut de détacher M. de Bachevillers pour aller saccager la vennerie de M. de Savoie, qui est son Versailles; tous ses tableaux d'un prix inestimable furent pris, son harras, ses chiens, enfin on n'y laissa que des cendres.

M. de Catinat pour le mieux tromper avoit ramassé toute son infanterie dans le Pragelas, et il étoit en personne à Fenestrel ; j'étois pour lors au poste des traverses avec 9 bataillons.

M. de Savoie croyoit, comme il y avoit apparence, que ce grand corps d'infanterie n'étoit dans cette vallée que pour l'empêcher d'entrer dans le Briançonnois et tâcher de sauver Pignerol ; mais un beau matin, il apprit que la gendarmerie arrivoit à Suze.

M. d'Aligny va joindre M. de Catinat à Fenestrel.

M. de Catinat informé de l'arrivée prochaine de la gendarmerie à Suze, m'envoya ordre de le venir trouver là. Comme il avoit jusque là gardé le secret de ce qu'il vouloit faire, il me dit qu'il me laissoit avec les 9 bataillons pour m'opposer aux Barbets. Comme MM. de Larré et de Bachevillers avoient été commandés pour la bataille de Stafarde, il n'y avoit que M. de la Hoquette et M. de Vendôme d'officiers généraux lorsqu'il me donna cet ordre. Ils furent très étonnés lorsqu'il nous dit qu'il alloit faire passer pendant la nuit le col de Fenestrel, qu'il rencontreroit la gendarmerie et toute la cavalerie arrivée à Suze, et que deux jours après surpris de le voir dans la plaine le chercher et lui donner combat.

M. le duc de Savoie se reposoit encore sur ce que le Roi donnoit des troupes à M. le duc de Noaille, pour entreprendre des choses considérables en Catalogne, la prise de Rose et la bataille d'Uter et la prise ensuite de Gironne lui acquirent bien de la gloire en son particulier et au Roi de belles conquêtes.

Notre infanterie qui descendit par le col de la Fenestre, sitôt qu'on fut qu'au qui-vive à Bassolino et que la gendarmerie qui étoit à la tête eut répondu vive le Roi, les troupes que nous avions là crurent qu'on se moquoit, tant le secret avoit été bien gardé ; aussi lorsque M. le Maréchal m'eut donné ses ordres, il m'ordonna de m'en retourner aux traverses sans parler à qui que ce soit.

Notre général s'étant mis à la tête de son armée marcha droit à l'ennemi, ils s'assembloient entre Turin et Orbassan qui est un grand bourg, et je suis étonné que la bataille ait plutôt pris le nom de la Marsaille, qui n'est qu'une ferme, à la vérité assez grosse, mais toute seule.

Je n'étois pas au combat dont j'étois très fâché ; et je l'aurois été bien davantage, si j'avois su qu'il dut se donner sitôt ; ce que j'en dirai, c'est que M. de Savoie fut encore bien étrillé et à la porte de sa capitale, ce qui redoubloit son chagrin : et sans le général Rabutin, il auroit été entièrement défait.

M. de Vendôme, qui étoit lieutenant-général, avec tous les autres officiers, y firent des merveilles ; j'y perdis mon bon ami M. de la Hoquette, il vint mourir à Pignerolle le lendemain et y fut inhumé : il ordonna que son cœur me fût donné pour être remis à M. l'archevêque de Sens, son frère, ce que j'exécutai lorsque j'allai l'hiver suivant à Versailles en passant par Sens, qui étoit mon chemin : ces deux frères s'aimoient uniquement, et en lui présentant le cœur qui étoit dans un cœur d'argent, il me dit seulement en pleurant : « C'est vous, monsieur qui l'aviez. » Il est vrai que pendant plus de trente-cinq ans, nous avions vécu dans une parfaite amitié.

Je mis un si bon ordre dans la vallée depuis la Pérouse jusqu'à Briançon, que les Barbets ne nous y firent aucun mal considérable quoique j'eusse bien du pays à garder.

M. de Savoie perdit encore son canon, plusieurs drapeaux et étendarts, et laissa bien 3,000 morts sur place, nous perdîmes environ 200 hommes.

On s'étonna et ce fut avec raison, après deux batailles gagnées, Casal, Pignerol et Suze, étant à nous, on n'ait pu prendre des quartiers d'hiver en Piémont : sans savoir le secret du Cabinet là dessus, je n'en puis dire autre chose, sinon que ces places étoient sur les frontières du Piémont et que dans le cœur du pays, nous ne pouvions avoir aucune place considérable. Carmaniol où l'on avoit laissé M. Duplessis-Relièvres avec une petite garnison, ce n'avoit été cette fois que pour amuser M. de Savoie pendant que notre cavalerie auroit le tems de repasser les monts : elle étoit très fatiguée ; il falloit, pour l'achever de peindre, que les cavaliers et les dragons missent leurs manteaux par terre pour grimper les montagnes, sans cela leurs chevaux n'auroient pu les monter ce n'étoit partout qu'une glace.

Mais cette bataille de Marsaille, quoique de très grande conséquence par la réputation que M. de Savoie perdoit auprès de ses alliés, ne lui tenoit pas plus au cœur que la perte de Nice, place sur la Méditerranée, de la dernière conséquence pour lui, et comme ce n'étoit que pour les secours d'argent de Hollande, d'Angleterre et des troupes impériales qui lui étoient plus à charge dans son pays que ses ennemis, je crois que dès ce tems là, il commençoit à songer à ses affaires, d'autant plus qu'il n'étoit plus en droit de demander de l'argent haut la main, à ces puissances que je viens de nommer, attendu ses mauvais succès.

1693 — ÉTABLISSEMENT
DE
L'ORDRE ROYAL ET MILITAIRE DE SAINT-LOUIS

Aligny vient ...lles après la ...e.

Au commencement de l'année 1693, le Roi fit son ordre de Saint-Louis ; à en lire les statuts, il falloit des services longs et considérables ; Sa Majesté, voyant que par les excessives dépenses qu'il étoit obligé de faire en tant d'armées qu'il avoit en tant d'endroits, ne pouvant plus récompenser tant de braves officiers qui avoient mérité ses bienfaits, ayant dépensé à son service les uns tous leurs biens, les autres au moins une partie, ne leur en pouvant plus faire, il vouloit au moins les récompenser en honneur.

Comme M. de Catinat ne vouloit pas me permettre de sortir du poste où je commandois, qu'après dix mois de campagne, je ne pus arriver à la cour que lorsque le nombre des chevaliers de Saint-Louis fut choisi et arrêté. Deux jours après mon arrivée je parlai au Roi pour être de ce nombre, il me dit qu'il étoit fâché que je fusse venu trop tard, que l'état étoit fait, mais que la première promotion il ne m'oublieroit pas.

Je n'ai jamais eu autant de regret, croyant comme il y avoit des commanderies que j'en aurois eu avec le tems.

M. d'Aligny remplace sur la liste M. Bourdet, mort.

Le Roi alla à St-Germain, voir le roi Jacques, qui venoit de perdre trois royaumes sans essuyer un coup de pistolet; pendant que Sa Majesté alla faire cette visite j'appris que le marquis de Bourdet, officier des gardes du Roi qui étoit sur cet état des chevaliers de Saint-Louis, venoit de mourir; j'allai attendre le Roi sur ce petit degré par où il montoit toujours, lorsqu'il revenoit de la chasse, pour se changer. Là je dis à Sa Majesté que M. Bourdet étoit mort, et comme il m'avoit fait espérer de me faire chevalier de son ordre, que c'en étoit une occasion. Il me répondit comme la première fois; j'étois, je l'avoue, très mortifié, mais ce ne fut pas pour longtems, car le Roi venant à son ordinaire sur les six heures chez madame de Maintenon où tous les officiers sont en haie depuis la chambre jusqu'à l'appartement de cette dame, M. le duc de Noailles, capitaine des gardes du corps de ce quartier, en passant me vit, et s'apperçut que je n'avois pas l'air trop content; il me dit tout bas à l'oreille : « Bonsoir monsieur le Chevalier. » Je le suivis et lui dis : « Monsieur vous avez ouï ce que le Roi m'a dit. » Vous serez reçu demain, me dit-il. Dieu sait la joie que j'en eus. Je crois que tous les anciens officiers des armées étoient venus demander au Roi la croix de M. de Bourdet.

Sitôt que Sa Majesté fut entrée chez madame de Maintenon et que chacun se fut retiré jusqu'au souper ou au coucher, j'avois coutume d'aller trouver, pour passer une couple d'heures, M. Vassal, huissier de cabinet, qui avoit été mousquetaire et fort de mes amis; sitôt qu'il eût ouvert la porte, il me dit comme M. de Noailles : « Bonsoir M. le Chevalier. » Je lui demandai comment il savoit cette nouvelle, que M. de Noailles m'avoit déjà dite; il m'assura qu'aussitôt que le Roi fut entré dans son cabinet, il écrivit un petit billet à M. de Barbesieux (il étoit devenu secrétaire de la guerre depuis la mort de M. de Louvois son père); ce billet ne contenoit que ces mots : « Mettez d'Aligny « sur la liste des chevaliers qui doivent être reçus « demain, que ce ne soit ni au commencement ni « à la fin. » Et c'est moi, me dit Vassal, qui ai porté ce billet. Me voilà bien content, et je ne manquai pas de me trouver au souper et au coucher du Roi.

Le lendemain, la cérémonie se fit, il n'y eut que 31 officiers de terre, et 30 de mer qui reçurent l'accolade du Roi; il y en avoit d'autres sur les mémoires, qui, par la suite, vinrent se faire recevoir. Voici comment cela se fit.

Réception des chevaliers.

Messieurs de la marine, qui étoient tous lieutenans généraux ou chefs d'escadre avec des plus anciens capitaines de vaisseaux prétendirent être reçus les premiers, ils s'étoient déjà mis à genoux en rond, mais le Roi leur envoya dire que c'étoit aux officiers de terre à être reçus les premiers, nous nous mîmes donc à leur place, et sitôt que nous fûmes à genoux, le Roi entra dans le rond avec M. de Barbesieux qui portoit une petite corbeille où les croix étoient attachées avec un ruban rouge ondoyé, et après qu'on eut lu les statuts de l'ordre, nous tenant tous par la main les uns les autres en rond, nous fîmes le serment de les garder. Je ne me souviens plus par qui le Roi commença de donner l'accolade qui se fait en embrassant le chevalier et comme il a l'épée nue à la main, après avoir dit : « Je vous fais de par saint Louis chevalier », il donne deux petits coups de pommeau de son épée sur chaque épaule, et puis prenant dans la corbeille une croix, il la présente au nouveau chevalier. Et quand nous eûmes tous eu l'accolade et la croix, nous fîmes place à messieurs de la Marine. Il nous manqua une croix, je ne sais plus pourquoi ; sitôt, le Roi vint à moi et me dit : « D'Aligny, prêtez-moi votre croix, vous en aurez bientôt une autre. » Je reçus cela comme une nouvelle grâce.

Je viens de parler de M. de Barbesieux : c'étoit le troisième fils de M. de Louvois : M. de Courtenvaux étoit l'aîné de tous, et M. de Samré le second. Le Roi ne les reconnut pas d'un génie assez étendu pour être, après leur père, ni l'un ni l'autre secrétaire d'Etat de la guerre. A l'égard de M. de Barbisieux, il avoit l'air aussi revenant que son père, l'avoit rébarbatif, il avoit une mémoire prodigieuse, il auroit fait la charge de secrétaire d'Etat de la guerre par merveille, puisqu'il ne se seroit pas mêlé, comme son père, d'être le maître de tout, mais il aimoit un peu trop la débauche, aussi ne dura-t-il pas longtems, car dans une maison de bouteille qu'il avoit près de Versailles, il fit une si grande débauche la nuit de Noël, qu'il en creva le lendemain.

Ce redouté ministre M. de Louvois, de la mort duquel on a parlé si diversement, mourut un peu avant la création de l'ordre de Saint-Louis dont les princes du sang vouloient être, ce qui l'honora beaucoup. Voici comme j'ai ouï parler de sa mort à gens de la chambre et de la garde-robe ; on y sert par quartier comme dans les autres offices de la maison du Roi, excepté les grandes charges qui sont uniques. Comme cet orgueilleux ministre avoit traité les petits souverains (ainsi les appeloit-il) comme s'ils eussent été ses pareils, et par là il avoit attiré toute l'Europe sur les bras au Roi qui se trouvoit tout embarrassé, il ne savoit plus où prendre de l'argent. M. de Pontchartrin étoit au bout de sa science, on sait d'ailleurs que jamais contrôleur général n'a amassé tant de richesses que lui pendant qu'il a été en place et fait faire tant de fortune aux gens d'affaires.

Les recrues devenoient presque impossibles, on ne payoit plus les troupes qu'en papier, enfin tout étoit dans la plus triste situation du monde.

Reproches du Roi à M. de Louvois.

Le Roi reprocha un jour à M. de Louvois que c'étoit lui seul qui lui avoit attiré sur les bras toute l'Europe par son insolence avec les princes ses alliés et ses voisins qui étoient devenus ses plus cruels ennemis, témoin le duc de Savoie, pour avoir voulu établir un bureau pour les lettres à Turin ; pour avoir traité le prince Palatin qui est le premier électeur de l'Empire comme s'il avoit été un petit gentillâtre ; et pour couper court qu'il n'y avoit pas un souverain à qui il n'eut fait quelque algarade ; tout cela lui étoit vivement reproché, il voulut répondre insolemment, le Roi qui étoit le plus modéré de tous les hommes fut assez son maître pour ne pas lever la canne sur lui. Ceux qui en ont écrit qu'il l'avoit levée se trompent. J'ai servi vingt ans auprès de sa personne, il n'a jamais porté ni canne ni bâton. On a voulu dire que madame de Maintenon l'avoit empêché de frapper en se mettant entre deux, rien encore de plus faux ; c'étoit à une heure, tems auquel le Roi n'est jamais chez cette dame, il n'y va qu'à six heures du soir; c'étoit pendant une journée fort chaude, et le Roi l'ayant menacé de son indignation, de se défaire de lui et de ses mauvais conseils, on le vit sortir de chez le Roi fort imbronché, et s'en étant allé chez lui, il demanda un verre d'eau à la glace, un garçon de son office qui étoit suisse le lui donna, après quoi il mourut; voilà ce que j'en ai ouï dire. Il étoit si hautain et si accoutumé à être le maître, que voyant qu'il couroit risque de n'être plus rien, le chagrin lui ayant allumé le sang, le verre d'eau de chicorée à la glace qu'il but l'envoya tout d'un coup à l'autre monde.

Pour connaître le caractère de cet impérieux Ministre, il n'y a qu'à voir ce qu'il dit dans son testament politique du fameux prince de Condé à la page 134, lorsque ce grand général avec 40,000 hommes sauvoit la France à Sénef, pendant que le prince d'Orange, Souche et le général espagnol avoient près de 70,000 hommes auxquels deux mois après il fit lever le siège d'Oudenarde. Voici les propres termes de M. de Louvois dans son testament politique : « Le prince de Condé, toujours « aussi plein d'un feu indiscret qu'il l'étoit dans « sa verte jeunesse, etc. » Que veut-il dire de sa verte jeunesse, les batailles de Rocroy, de Sens et de Fribourg, tant de villes prises dans cette verte jeunesse : convient-il au fils du procureur du Roi au Châtelet de parler si insolemment d'un si grand prince, descendu de saint Louis, l'un de nos plus grands Rois. Venons à ce qu'il dit, à la page 122, de M. de Turenne, ce grand général, voici ses propres termes : « Mais le grand cœur du vicomte de Tu- « renne, qui étoit à la tête de 12,000 hommes, se « démentit en cette occasion importante, où il « n'étoit pas tel qu'on le vantoit. » Ne faudrait-il pas brûler par la main du bourreau de tels mémoires et si insolens.

Mais ne parlons plus de ce Ministre, et revenons à une autre campagne que je fis encore sous M. de Catinat, qui m'avoit encore demandé.

AUTRE CAMPAGNE DE 1694

M. d'Aligny va à Fenestrel.

J'arrivai à Fenestrel, où je ne trouvai d'officiers généraux que les deux princes de Vendôme, le Major général, le comte de Chavigny, maréchal des logis de l'armée. M. de Catinat avoit laissé sa cavalerie au camp de Sablon, près de Valence en Dauphiné, et quand son infanterie fut arrivée, il forma son camp à Diblon, à deux lieues de Pignerol, il me laissa à Fenestrel avec 10 bataillons avec ordre pour commander depuis Fenestrel jusqu'à Briançon, où il y avoit en divers postes 11 bataillons et 2 régimens de dragons que j'avois campés à Fenestrel, leurs chevaux étoient campés au camp de Sablon.

Il est aisé de juger qu'on ne pouvoit faire subsister de la cavalerie dans ces montagnes stériles et pays ruinés : la livre de farine revenoit au Roi pour le pain de munition à 18 sous, et comme j'étois obligé de tenir table, je laisse à penser ce qu'il m'en coûtoit en pain seulement par jour, le pair de poulet cent sous à ceux qui en vouloient manger.

Les Barbets causoient cette extrême chèreté par l'inconsidération des vivandiers qui vouloient arriver plutôt pour vendre plus chèrement et qui n'attendoient pas les escortes, ce qui faisoit que souvent ils étoient détroussés.

Si nous n'étions pas trop bien dans ces maudites vallées où j'ai servi huit années de suite ma consolation, en me ruinant, étoit d'être avec un général qui m'aimoit et qui me donnoit et me faisoit donner des commandemens au dessus de mon rang de Brigadier. La brigade de Novion se trouva cette année sous mes ordres, il étoit plus ancien brigadier que moi, il se plaignit à M. le Maréchal et à la Cour, mais il lui fut répondu que ce n'étoit pas en qualité de Brigadier que je commandois, mais par un ordre particulier, de même que MM. de Feuquières et de Larré avoient commandé avant moi, ce m'étoit beaucoup d'honneur, mais il m'en a coûté mon bien.

Nos postes étant bien garnis, et M. de Savoie ne songeant plus à nous inquiéter de sitôt, M. le Maréchal alloit souvent à Pignerol, où M. le comte de Tessé qui n'étoit alors que lieutenant-général commandoit, M. le marquis de Revel en étoit gouverneur. Jamais gouverneur de place frontière n'a reçu si noblement. J'avois été autrefois mousquetaire avec lui et il avoit été capitaine aux gardes lorsque M. de Catinat l'étoit aussi, et nous étions dans cette grande maison très bien meublée comme chez nous, nous y faisions grande chair; tant qu'il venoit d'officiers distingués par leurs emplois, il les recevoit chez lui, autant qu'il y avoit de chambres libres, il ne les laissoit point au cabaret; quand il savoit que je devois revenir bientôt, il me disoit : « Emportez la clé de votre chambre »; elle étoit vis-à-vis l'appartement de M. le Maréchal qui m'ordonnoit assez souvent de lui venir rendre compte des convois que j'avois fait passer à l'armée toujours campée à Biblon pendant plus de deux mois.

M. de Savoie quitte ses alliés.

M. de Savoie, après tant de pertes, demandoit de l'argent aux Hollandois et aux Anglois, qui commençoient à s'en lasser, ce que ce prince intéressé ne voyoit que trop. Ainsi, il ne mit pas beaucoup de tems à tourner casaque à ses alliés; et pour une si grande affaire, il n'y en avoit jamais eu une maniée avec tant de secret.

Après que M. le Maréchal étoit retiré et qu'on le croyoit entre deux draps, point du tout, sur les minuit, il sortoit seul avec le Major qui répondoit au corps de garde, entroit dans la citadelle par une poterne, et là il trouvoit un nommé Groupel, que M. de Savoie envoyoit pour traiter des conditions.

Ce Groupel, en qui son maître avoit toute confiance, avait été palfrenier du marquis de Saint-Maurice, puis lui ayant trouvé de l'esprit, il l'avoit fait son procureur fiscal à Rivoly dont il est seigneur, et où étoit sa maison de plaisance, et enfin un intendant, et ensuite il devint celui de M. de Savoie.

Après bien des allées et des venues, l'affaire fut

conclue et M. de Tessey y eut beaucoup de part, il fut fait Maréchal de France dans la dernière guerre, mais comme M. de Savoie ne savoit comment se défaire des Espagnols et surtout des Allemands, lesquels, dans son pays, ne lui étoient pas moins à charge que ses ennemis; pour faire le bon valet, il feignit de vouloir prendre Pignerol, il en fit ou plutôt en feignit le siège, il envoya des troupes réglées aux Barbets pour leur hausser le menton, c'étoit un réfugié qui les commandoit, il étoit très honnête homme, et avoit été à la tête du Régiment de Bourgogne et n'avoit quitté le service qu'à cause de la religion.

L'édit de Nantes ayant été cassé, il se qualifioit commandant des troupes de Sa Majesté Britannique dans les vallées, il étoit du Dauphiné.

Et pour revenir à l'édit de Nantes, j'étois à la cour en ce temps là : toute la France sut que M. le chancelier le Tellier après avoir scellé l'Edit qui le cassoit (1) dit comme Siméon après avoir vu le Christ : « *Nunc dimittis servum tuum, Domine.* » Or quelle différence des sentiments avec M. de Louvois son fils, bien loin de chasser les Huguenots, dans son testament politique, dans la 2me partie du pouvoir absolu, il veut qu'on les rappelle. Aussi, disoit-on dans ce tems-là que M. l'Archevêque de Paris et le père Lachaise avoient oublié leur catéchisme, parce qu'ils vouloient que ce fût par la force des dragons qu'on fit rentrer les réformés dans l'Église.

(1) Du 22 octobre 1685.

Je retourne à ce commandement de Sa Majesté britannique dans les vallées. Or, pour gagner un grand prince fort intéressé qui nous coûtoit tant, il falloit de grosses sommes et bien des précautions pour les faire passer à M. de Catinat qui étoit près de Rochecatel, qui n'est qu'à une lieue de Pignerol : j'avois mon camp à Fenestrel à trois lieues de celui de notre général ; ce trajet n'étoit rien au prix de celui que j'avois à garder depuis Fenestrel à Briançon où j'avois le commandement de toutes les troupes qui étoient dans le poste depuis cette ville jusque dans mon camp.

Convoi à M. d'Aligny.

M. de Catinat avoit le secret de ce convoi, il ne pouvoit s'empêcher de me le confier, d'ailleurs j'en étois averti par le Ministre qui savoit que je devois avoir grande part à la sûreté de ce passage.

On a voulu que cette somme ait monté jusqu'à 5 millions, je n'en sais rien, mais je sais bien que la somme qui fut envoyée vint sur cinq mulets ; les barils étoient dans d'autres barils semblables à ceux où nous mettons les balles de mousquets, il y en avoit des tonneaux des deux côtés des mulets. On m'avertissoit, de la part de la cour et de celle de notre général, de jour que ces mulets devoient passer à Briançon : il n'y avoit pas le plus petit convoi qui arrivât que les Barbets ne le sussent, si bien qu'en ayant dévalisé une assez bonne quantité d'autres de peu de conséquence, il falloit non seulement jouer de force, mais encore de ruse pour les tromper.

J'ai su par la suite qu'ils avoient eu vent de ce

convoi d'argent, non qu'ils crussent que ce fut pour M. de Savoie, mais pour l'armée qui en avoit un extrême besoin, et Pignerol aussi où il y avoit une très grosse garnison, toujours un lieutenant général et d'autres officiers. Sachant le jour que ces cinq mulets arrivoient à Briançon, je mandai au sieur Bauvet qui y commandoit que ces cinq mulets,chargés de balles,lui devoient arriver un tel jour que nous n'avions pas à présent besoin de balles, qu'il les fit mettre avec une bonne garde sur la contrescarpe jusqu'à ce que je lui mandasse de les faire partir. Il arriva en ce temps là un grand convoi de bœufs pour l'armée, force vivandiers et officiers qui avoient à rejoindre l'armée, tout cela se réunissoit pour se servir des escortes que j'ordonnois.

Lorsque M. le Maréchal fut averti de l'arrivée de ce précieux convoi, il m'avertit de l'ordre qu'il vouloit être mis dans mon camp et le sien pour la sûreté de ce passage qui étoit si important. Car sans argent vous n'auriez jamais eu M. de Savoie.

Toutes ces choses étant bien disposées, je mandai au sieur Bauvet qui avoit été colonel du Régiment de Saulx (mais avant cela docteur à Valence et a eu la pension de plus ancien docteur de cette université dont il jouit en effet, quoiqu'homme de guerre) je lui mandai de faire partir le convoi de bœufs et tous les vivandiers et autres avec le plus d'éclat qu'il pourroit, et le landemain sans y manquer les cinq mulets chargés de balles.

Les Barbets et les troupes de Sa Majesté britannique ne manquèrent pas de se mettre en état de tomber sur ce convoi. Je fis monter deux bataillons par le col de Serre qui aboutit au col de Pis : C'étoit M. de Vaugrenan qui les commandoit. M. le marquis de Novion, qui étoit aux traverses avec une partie de la Brigade, avoit ordre, sitôt que les ennemis donneroient sur le convoi, de les attaquer, et dès qu'ils auroient fait leur coup qu'ils remontassent le col de Pis pour gagner leur vallée, ce qu'ils ameneroient n'étant que quelques bœufs fatigués, quelques chevaux et quelques mulets de vivandiers ; tout cela s'exécuta si bien que j'eus le tems que je m'étois proposé de les joindre au-dessus de ce col, où je fortifiai M. de Vaugrenant de deux autres bataillons que je pris à Fenestrel ; mes ordres furent si bien exécutés que M. de Vaugrenant, surtout, qui arriva un peu avant moi, que les Barbets furent battus de telle sorte que depuis ce jour là ils n'ont point fait de tentatives.

J'avois ordonné qu'on ne donnât point de quartier, aussi y eut-il plus de 800 hommes de tués : les deux chefs Barbets furent pris : c'est le fameux Friquet, qui a fait tant de cruautés, l'autre s'appeloit Pastre, tous deux de la vallée de Pragelas. Ce dernier étoit de Mantoue où il avoit une belle maison, qu'on avoit démolie, ils étoient tombés entre les mains du sieur Carole, irlandois. Je lui dis pourquoi il ne les avoit pas fait expédier dans la chaleur de l'action, mais comme je ne pouvois plus les faire tuer, je ne voulus pas les voir ni leur parler.

S'il n'y avoit eu que le sieur Pastre, je l'aurois vu, il étoit honnête homme et n'avoit quitté qu'à cause de la religion, je les fis mettre au corps de garde de ma garde, et le landemain en faisant le détail du combat j'envoyai ces deux prisonniers à notre Général.

Envoi d'argent

Je commandai au sieur Bauvet de faire partir sans faute le lendemain l'argent qui passa heureusement, n'ayant pas laissé que de tripler les escortes et d'aller au devant jusqu'aux traverses, car jusque là, il n'y avoit pas beaucoup à craindre.

Je pris un capitaine de mon Régiment auquel je me fiais, et qui n'étoit pas piticux, pour conduire ces deux prisonniers, je lui ordonnai de passer près de la maison du sieur Pastre à Mantoue, et là leur donner beau jeu pour que si l'envie de s'évader leur prenoit et qu'ils fissent le moindre mouvement pour cela, il les fit expédier par ses gens.

Ces deux prisonniers, que je n'avois pas voulu voir quoique chefs des Barbets, se doutèrent bien que je ne cherchois qu'à me défaire d'eux, ainsi ils charrièrent droit, et étant arrivés à l'heure du dîner de M. le Maréchal il les fit mettre à sa table.

Friquet, le plus cruel coquin dont on ait jamais ouï parler, car c'est lui qui inventoit toutes les cruautés que j'ai rapportées, dit à M. de Catinat : « Monsieur, vous nous faites l'honneur de nous « faire manger avec vous, pendant que M. d'Aligny « nous a fait mettre au corps de garde sans vouloir « nous parler. » M. le Maréchal leur répondit que j'avois sans doute eu mes raisons, et le lendemain les renvoya. Sitôt que je le sus, j'écrivis à notre Général qu'on n'apprivoisoit jamais les tigres ; cependant je me trompai, car cette grâce sans rançon fit que, dans la suite, ils ne firent plus tant de cruautés à nos prisonniers, mais au contraire de bons traitemens. Sitôt que quelques-uns étoient tombés entre leurs mains, ils le faisoient savoir en faisant battre la caisse, on alloit savoir ce que c'étoit, et on leur portoit la rançon.

Des Barbets ne tirent pas sur M. d'Aligny.

A ce sujet, je dirai une avanture qui m'est arrivée; m'ayant été amené 7 ou 8 prisonniers des leurs, qu'un sergent de mon régiment qui étoit allé en parti, avoit pris (c'étoit un brave homme et de bonne mine, il étoit sergent de la compagnie de M. du Marché, il fut tué à la fin, voulant aller trop souvent à la guerre), un de ces prisonniers me dit : « Monsieur, ne passâtes-vous pas un tel jour en un « tel endroit, avec un laquais seulement, monté sur « un cheval pie. » J'étois allé en effet ce jour là en toute diligence donner des ordres dans un poste à une lieue et demie de mon camp, sans avoir pris d'escorte, ce que je ne devois pas faire, je lui répendis qu'oui, il me dit qu'aussitôt qu'il m'avoit connu, étant en embuscade derrière un rocher qui étoit sur mon chemin, il ne m'avoit pas voulu tuer, ce qui leur auroit été très facile, leur commandant se souvenant que je m'étois fort opposé au supplice que M. Bouchu fit souffrir aux prisonniers que mon Régiment avoit fait prisonniers en ce combat de Salbertrand; ainsi, il est bon quelquefois d'avoir témoigné de l'humanité.

M. le maréchal de Catinat me manda sur ce que je lui avois envoyé plusieurs déserteurs du camp de ce commandant dont je viens de parler, de ne plus lui envoyer de pareils gens et qu'il entendoit que mes passe-ports fussent aussi bons que les siens, ce sont ses termes : il me manda en même temps qu'il vouloit savoir ce qu'il pouvoit rester de troupes réglées à ce commandant.

J'avois dans le Régiment de Fouquières un tambour fort entendu : j'écrivis une lettre à ce commandant par ce tambour, par laquelle je le priois de me faire savoir si deux officiers que j'estimois et que l'on n'avoit pas vu depuis deux jours ne seroient pas tombés entre ses mains, ou n'auroient pas été tués pas ses gens. C'étoit un prétexte. Je dis à ce tambour d'aller dans ce camp, qui étoit à Fenestrel, de bon matin, afin de reconnoître à peu près la quantité de baraques, en allant boire du brandevin de la droite à la gauche, avant que ce commandant fut levé. Il exécuta fort bien ce que je lui avois dit, et il se trouva que je mandai à M. de Catinat que des 800 hommes qu'il avoit amenés, il ne lui en restoit pas 200, tant par la perte qu'il avoit faite au dernier combat que par les désertions, et que les Barbets ne lui vouloient plus donner de fourrages pour ses chevaux.

FIN DE MES CAMPAGNES D'ITALIE

Aventures de M. de Ruvigny et de M. d'Aligny.

Voici une autre aventure par laquelle je finirai ce que j'ai à dire du côte de l'Italie : M. le marquis de Ruvigny, étant honoré du titre de milord Gallonay en Angleterre, où il étoit réfugié, s'amouracha à Turin d'une très belle personne. Le père de cette fille, marchand à Turin, voyant bien que ce n'étoit pas pour le mariage, la condition de sa fille étant trop inférieure à celle du cavalier, il la fit mettre dans un couvent, ce marchand étoit venu depuis peu de Besançon à Turin ; que fit ce milord, grand Huguenot ou Lutérien, il força le couvent des Religieuses, prit la fille, et l'emmena dans la vallée de St-Martin chez le ministre qui étoit l'ami des Barbets et que M. de Savoie considéroit beaucoup.

Ce couvent forcé fit grand bruit jusqu'à Rome, mais comme ceux qui ont quitté la véritable religion ne se soucient guère des excommunications, il n'en fut que cela.

Cette fille se lassa d'être chez ce ministre vieux et fort dégoutant qui avoit une femme et des enfans ; ce vieux ministre ne laissait pas que d'en vouloir conter à cette jeune et belle personne, laquelle, voyant qu'elle n'avoit aucune nouvelle de son milord, gagna deux Barbets pour se dérober de chez ce ministre, et comme j'étois son plus proche voisin, elle résolut avec ses deux Barbets de se venir rendre à moi.

M. Bouchu, intendant de l'armée, étoit venu ce jour là pour diner avec moi, en le reconduisant, je trouvai, à une demi lieue de mon camp cette fille et les deux Barbets. Je leur demandai où ils alloient, ils me dirent qu'ils alloient à Fenestrel, je crus que c'étoit quelques parentes qui alloient de la Perouse ou des traverses faire visite à Fenestrel.

Après avoir pris congé de notre intendant, je fus fort surpris d'apprendre que c'étoit cette demoiselle qui avoit fait tant de bruit, et en même tems de la voir avec deux Barbets; d'abord je les fis rafraîchir, il y avoit du tems qu'ils n'avoient mangé; il fallut donc, après bien des cérémonies savoir son aventure, et comme elle me témoigna vouloir me parler en secret, je n'avois garde d'avoir peur d'un tête-à-tête avec une aussi jolie personne.

Elle me dit donc que si on vouloit la mettre à une porte de Pignerol, elle feroit prendre ceux qui devoient mettre le feu dans les magasins de cette place.

Le lendemain, je ne manquai pas d'en avertir notre Général croyant lui faire part d'une nouvelle que je croyois de la plus grande importance, mais voici sa réponse que j'ai encore : « Vous êtes « fort plaisant, Monsieur, de faire coucher avec « vous une très jolie fille pour lui tirer les vers du

« nez, vous savez comme moi que Pignerol ne subsiste que par les Barbets, d'ailleurs : *non bisogna* « *fidersi alle putane.* »

Peu de tems après, en effet, tous les magasins de Pignerol furent brûlés, avec une église qui étoit toute pleine de farine ; et quelques jours après, M. de Catinat me manda : « Je vous envoie les ordres « pour renvoyer le Régiment de Vaugrenant en « Franche-Comté, vous le chargerez, comme je « l'en prie, de faire remettre à Besançon cette fille « chez ses parents. »

On a fait bien des contes de cette fille et de moi, je puis pourtant protester non seulement de ne l'avoir pas touchée, mais même d'avoir empêché un gentilhomme d'un nom très connu, qui en étoit devenu amoureux, d'y toucher, quoiqu'il fût de mes intimes amis, et que cette fille ne le haïssoit pas.

Elle a eu une aventure chez Mme la Duchesse de Bourgogne qui lui a coûté la vie, ou du moins on n'a jamais pu savoir ce qu'elle était devenue.

Un jour que j'étois dans l'antichambre de Made de Maintenon où cette fille entrait quand elle vouloit, je la priai que je lui pusse dire un mot ; d'abord elle ne voulut pas me reconnoître, mais à la fin elle me dit : C'est donc vous M. d'Aligny, puis elle se retira. Elle alloit annoncer Made la Duchesse de Bourgogne, qui ne tarda pas d'entrer chez Made de Maintenon. Cette fille parloit italien, et c'est ce qui lui avoit donné entrée chez cette Princesse, mais elle ne sut pas s'y maintenir.

ÉTAT DE NOS ARMÉES DE TOUS AUTRES COTÉS

de Mons et ur par le Roi.

Le Roi fit en personne le siège de Mons et de Namur et ses officiers généraux le secondoient à merveille : ceux qui brilloient le plus entre ces généraux sont devenus maréchaux de France et dans les grandes charges; MM. de Bouflers, d'Harcourt, de Mourevel, de Tissé et d'autres encore.

Il est arrivé à M. de Bouflers ce qui n'est jamais arrivé à aucun maréchal de France, c'est d'avoir défendu deux places, Lisle et Namur; peut-on avoir fait une plus belle défense que celle de Lisle; et s'il y a eu quelque chose à dire à Namur, ç'a été au sieur de Mégrigny qu'il s'en faudroit prendre : ce que M. de Mégrigny fit à la citadelle de Tournai depuis, prouve assez ce que j'en dis : il crut qu'on lui feroit son procès sortant de Namur, et après Tournai il n'a osé retourner en France, il étoit un présomptueux, un insolent et sans trop de valeur.

J'ai ouï dire à des ingénieurs qui étoient à Namur, que lorsqu'ils lui vouloient représenter qu'on pouvoit faire mieux, car ils n'osoient lui dire qu'il ne faisoit rien qui vaille, comme après M. de Vauban il étoit le chef de tout, il les traitoit de la manière la plus insolente.

Allemagne.

Du côté de l'Allemagne, tantôt on gagnoit, tantôt on perdoit, à la différence que ce que les Allemands prenoient leur coûtoit infiniment, pendant que nous faisions nos affaires en peu de tems et à peu de frais : pour remonter de plus haut, Grave qui tint 8 ou 10 mois, Bonn, cinq ou six, Mayence, 4 mois. Je ne sais pourquoi on a refusé à cette défense toute la gloire qu'elle mérite : il n'y a point eu de défense plus belle.

M. de Noailles en Catalogne.

En Catalogne, M. de Noailles y faisoit des merveilles, MM. de Scomberg et de Bellefond avoient réussi partout, M. de Navailles y avoit gagné la bataille des Poules, mais il n'avoit pu prendre Rose ni Gironne.

M. d'Aligny va joindre M. de Noailles.

A propos de ce côté-là, comme je croyois ne pouvoir jamais sortir d'Italie, un jour dans le mois de mars, comme je ne songeois qu'à retourner à M. de Catinat, je reçus une lettre de M. le maréchal duc de Noailles dont voici les termes : « Je « vous ai demandé au Roi par notre ancienne con- « naissance et par la réputation de votre régiment, « choisissez 14 compagnies pour servir en cam- « pagne, j'ai à faire des six autres compagnies à « Coulioure, auxquelles vous pouvez dire de ne pas « se mettre en équipage ». J'avois l'honneur d'être connu, je puis dire aimé de ce bon seigneur, qui faisoit plaisir à tous ceux à qui il en pouvoit faire. Il étoit capitaine des gardes du corps, et son quartier de service étoit janvier, février et mars, qui est le seul tems que les officiers peuvent venir à la cour pour y obtenir quelques grâces : il étoit près du Roi, l'avocat de tous ceux qu'il savoit bien servir son maître.

Je reçus bientôt mes ordres, après cette lettre, et ma route me conduisit à Perpignan. Le Roi avoit augmenté les compagnies de 10 hommes dans mon régiment, c'est la province qui devoit les habiller, comme firent toutes les autres provinces du royaume. Malheureusement pour moi, il se trouva de ces harpies affamées de l'argent de la province, qui dirent qu'il y avoit une masse dans le régiment et que c'étoit pour habiller les soldats ; cela étoit bon pour ceux qui étoient sur pied, mais pour ceux qu'on y met, il leur faut du tems pour faire une masse : Je l'aurois pardonné à l'abbé de la Roquette, (1) qui n'étoit pas du métier, mais au comte de Verdun, il n'y avoit pas moyen de l'excuser là-dessus. J'ai su que ce dernier, pour avoir été un fort mauvais capitaine, il a été mis en prison à la citadelle de Chalon. Et moi, en rendant service à ma province, voilà comme j'en ai été traité.

[...]tats accordent [...]r. à M. d'Ali[...] [...] les refuse.

Son Altesse Sérénissime dans une tenue d'Etat, dit aux trois chambres assemblées l'honneur et le profit que je faisois à la province, en ce que ce régiment de 20 compagnies revenoit toujours en bon état et qu'il ne restoit jamais trois mois à sa charge ; les Etats m'ordonnèrent une gratification de 1,500 livres. Comme je l'appris à l'armée où j'étois, je remerciai Son Altesse de sa bonne volonté, car il avoit insinué qu'on me donnât mille écus.

(1) L'abbé de la Roquette et le comte de Verdun étoient élus de la province en ce tems là.

J'écrivis à ceux qui avoient soin des affaires de la province de rayer ce beau don de dessus les cahiers et que la province eût à me faire justice de deux cents qu'il m'avoit fallu habiller et armer à mes dépens.

C'étoit l'évêque d'Autun qui présidoit aux Etats, comme il savoit que je ne l'aimois ni ne l'estimois pas beaucoup, il fut cause que ce que Son Altesse avoit demandé pour moi n'eut pas son effet.

Cet évêque avoit tant de pouvoir qu'en cette même triennalité il fit donner vingt-un mille livres de gratification à la fille de son médecin qui l'avoit apparemment servi toute sa vie sans salaire, sous prétexte que son mary étoit maire d'Autun. Ne voilà-t-il pas de beaux services pour être si bien récompensé : cet évêque et son neveu ont été deux fois chacun élus de la Chambre du clergé, c'est, pour les 12 années, environ 60 mille livres.

Le Roi nomme M. d'Aligny gouverneur d'Autun, etc.

Avant que de partir pour aller en Catalogne, il est juste de parler du don que le Roi me fit pendant que j'étois bien éloigné de lui, Fenestrel étant à près de 160 lieues de Versailles : c'est le gouvernement d'Autun et la charge de grand bailli de la province de Charollois que le Roi me donna, qui avoit été plus de 200 ans dans la maison de MM. les comtes de Coligny, de père en fils.

Les officiers des gardes du corps et ceux des compagnies du régiment des gardes ayant été avertis que ces deux charges étoient vacantes, ils crurent que c'étoit quelque chose de bon ; ce nom d'Autun et de Coligny, rien de plus ancien et de plus noble, mais quant aux appointemens ce n'étoit rien, puisqu'il n'y avoit pour toutes choses que 430 fr. Les officiers qui croyoient qu'il y avoit des appointemens considérables, s'empressoient fort à avoir ces charges.

M. le marquis de Chateauneuf, ministre d'Etat, et dans le département duquel est la province de Bourgogne, le Roi et lui sachant la grande dépense que j'étois obligé de faire où tout étoit rare, car à la tête d'un camp il faut tenir table, le Roi donc dit à M. le marquis de Chateauneuf (qui avoit fait savoir à tous ces demandeurs que ce qu'ils demandoient n'en valoit pas la peine, que cela tiendroit lieu à celui qui l'obtiendroit d'une récompense considérable) de me mander que Sa Majesté me donnoit ces deux emplois pour les vendre, de sorte que ce ministre me manda qu'il avoit envoyé mes provisions à ma femme à Autun où il savoit qu'elle demeuroit une grande partie de l'année pour faire élever nos enfans dont nous avions déjà un bon nombre.

J'appris aussi qu'il avoit dit au Roi que ce don me feroit plaisir, Mad[e] d'Aligny demeurant à Autun.

Il ne faut pas demander si, après la campagne des Pirennées, j'allai remercier le Roi et M. de Chateauneuf de la manière dont cette grâce m'avoit été accordée, plutôt que de la valeur.

Depuis la mort de ce bon ministre, M. le marquis de la Vrillière, son fils, a continué jusqu'à présent à me faire plaisir en toutes occasions, mais je n'ai jamais pu trouver personne qui ait voulu acheter ces emplois de moi, en sorte qu'il m'a fallu vendre mes terres de Mimande, Goulouse, ma part de Chaudenet et ce que j'avois à Bellenot.

Il vend ses terres de etc.

Ayant reçu mes ordres et ma route toujours de bonne heure et seulement au profit de la Bourgogne et non pas d'une troupe qui n'a pas eu le tems de se délasser, car je ne revenois jamais qu'au mois de décembre, j'ai logé deux fois à Couches le jour de Noël pour me rendre avec la compagnie colonelle à Autun.

M. d'Aligny part pour rejoindre M. de Noailles.

Je partis de Mâcon où mon régiment s'étoit assemblé vers le 15 mars. En chemin faisant et ayant eu un séjour au Pont Saint-Esprit, étant allé me promener avec plusieurs officiers sur ce pont pour l'admirer, j'appris de M. de Vauban, qu'il falloit que ce fut un ange ou un diable qui eût fait ce pont.

En effet, sous ce pont, le Rhône y passe d'une rapidité si grande qu'à peine y peut-on suivre les bateaux de l'œil quand ils y passent : et quand ce sont des gens de considération qui descendent cette rivière pour aller à Avignon ou à Marseille, ils mettent toujours pied à terre, et quittent la voiture d'eau au-dessus de ce merveilleux pont, ce que fit notre Général qui ne s'arrêta que pour aller rejoindre son bateau au-dessous du pont, où nous l'accompagnâmes. Il me dit seulement qu'étant de trop bonne heure pour se mettre en campagne, il laisseroit son régiment à Rivesaltes.

M. de Clérieux me régala, il avoit été longtems mousquetaire pendant que j'avois été officier de cette compagnie, la plus belle et la meilleure du monde : il perdit un œil à la bataille de Cassel étant de mon détachement et M. d'Ulm un bras, il est à présent ambassadeur près de l'Empereur. Depuis cette époque nous nous sommes toujours entretenus par lettres. Etant pendant la guerre ambassadeur chez les Suisses, il n'en sortit que pour être un des plénipotentiaires avec M. le maréchal de Villars dans la dernière guerre.

Etant arrivé à Rivesaltes où je fus dix jours avant de me mettre en campagne, le vin qui croît en ce lieu est si rare et a tant de réputation qu'il est enlevé presqu'avant qu'il soit fait, en sorte que ni moi ni pas un des officiers de mon régiment nous n'en pûmes avoir une goute. Pour goûter de ce vin, j'allois presque tous les jours à Perpignan dîner avec M. le maréchal notre général.

Sitôt qu'il lui fut arrivé 8 ou 10 bataillons de quelque cavalerie, il nous mena camper près de Morelas, qui est au pied du col Potel, auprès de la plaine de St-Jean-de-Pagès et c'est là que M. le duc de Scomberg perdit une bataille contre le duc de Saint-Germain par la faute du sieur Lebret. Bien lui en prit d'être la créature de M. de Louvois, il méritoit la corde, car il étoit de très petite naissance.

Nous fumes trois jours campés dans cette plaine en attendant que les cavaliers et les dragons qui avoient passé leurs quartiers d'hiver dans le pays de Frise eussent joint l'armée ; il avoit pour officiers généraux MM. les comtes de Revel, de Chazeron, milord Moncassel et M. de Preschac; l'ancien des brigadiers étoit M. de Joigny, vieil officier.

M. le chevalier d'Aubeterre étoit dans son gouvernement de Coulioure, place très importante, et comme M. le duc de Medina Sidonia qui devoit commander l'armée d'Espagne l'avoit assemblée à Jonquiéra, il se trouva que dans cette campagne il fut toujours supérieur à nous en troupes de plus d'un tiers.

M. de Noailles, avec l'ancienne garnison de cette place qui n'étoit pas trop bonne, y envoya du camp du Boulou les 6 compagnies de mon régiment dont j'ai parlé.

Sur les deux heures après midi, notre général reçut un courier de M. le chevalier d'Aubeterre qui étoit resté dans sa place, par la jalousie que lui avoit donnée le général espagnol.

S'étant assemblé comme j'ai dit à la Jonquiéra, près le col de Bagnol ou Banniole, il pouvoit tomber très aisément sur Coulioure; il mandoit que M. de Sidonia alloit avec 18,000 hommes tomber sur lui par le col de Porteil, et c'étoit par ce même col que M. de Saint-Germain étoit descendu, quand il gagna sur M. de Scomberg, excellent général, cette bataille de St-Jean-de-Pagez, mais par la faute du sieur Lebret qui engagea le combat dans le tems que M. de Scomberg étoit encore au lit, et ne s'étoit pas rendu maître du poste de Morélas comme ce général le lui avoit ordonné.

Cette nouvelle ne laissa pas que d'intriguer M.

le duc de Noailles; il attendoit sa cavalerie et ses dragons, je vous laisse à penser avec quelle impatience il envoyoit courrier sur courrier pour les faire hâter, c'étoit M. le marquis de Noailles, frère de notre général qui la commandoit.

'Aligny va en ment.

J'étois allé visiter les armes de mon régiment lorsque M. le duc de Noailles m'envoya chercher et m'ayant dit les nouvelles qu'il venoit de recevoir et l'impatience où il étoit d'attendre la plus grande partie de sa cavalerie et de ses dragons, il me dit : « Je vais vous donner votre régiment, un bataillon « d'Herlac et 400 fusiliers choisis et de bons « guides, marchez au col de Porteil, tâchez d'em« barrasser la marche des ennemis afin que j'aie le « tems de prendre mon parti ». Je pris la liberté de lui dire qu'il n'oublieroit pas le poste de Morélas, il ne me répondit autre chose, sinon : « marchez toujours en diligence ».

Je trouvai les détachemens pris, il m'avoit dit lorsque je l'abordai, qu'il avoit jeté les yeux sur moi comme ayant fait la guerre dans les montagnes des Alpes : Je peux dire que dans son armée il n'y avoit guère d'officiers qui entendît mieux ce manège là que moi.

Je pris mon chemin par des vallons pour me mettre sur le flanc droit de la marche de l'armée ennemie ; lorsque je montois sur une crête de montagne, j'étendois toutes mes troupes sur un front : l'ennemi ne pouvant voir si j'avois derrière moi autant de troupes que j'en faisois paroître. Il étoit déjà bien à la moitié du col et fit doubler sur ses derrières.

J'avois pris un poste et comme c'étoit le col de Pertuis où nous avons Bellegrade au-dessus de ce col, je donnai de la jalousie à ce général qui voyant que je faisois paroître un si grand front crut que c'étoit l'avant-garde de notre armée qui vouloit passer par Bellegrade pour lui dérober le poste de Jonquiéra qui lui étoit de la dernière conséquence, c'étoit de là qu'il recevoit ses vivres.

J'envoyai donc M. de Roncecour dire à notre général la manœuvre que je voyois faire à nos ennemis, que j'avois reconnu un autre poste pour m'approcher encore plus près d'eux et que je l'assurois que je n'engagerois rien, et qu'à tout évènement je me retirerois sous Bellegrade : c'est une très bonne place.

Il me manda que j'avois pris un poste qui lui étoit si nécessaire pour ce qu'il avoit envie de faire, qu'il m'ordonna de n'en pas bouger et qu'il alloit encore m'envoyer les deux autres bataillons d'Erlac.

Pendant ce tems là, comme j'étois à la moitié du col, je voyais cette cavalerie et ces dragons qui venoient joindre leur général au grand trot à Morélas qui est au pied de ce grand col.

Les ennemis, qui croyoient que M. de Noailles n'avoit pas de troupes pour oser se mettre en campagne, m'ayant vu faire montre de beaucoup quoiqu'au vrai j'eusse peu, et d'ailleurs, voyant aussi bien que moi cette cavalerie et ces dragons nous venir joindre, ce général espagnol prit le parti de retourner à Jonquiéra.

Pendant qu'il demeura en halte, il fit faire un petit fort à l'étoile sur la crète du col, dont j'eus une grande joie et M. de Noailles encore davantage, car s'il étoit tombé dans la plaine avec une armée bien supérieure à la nôtre, il auroit fallu s'aller retrancher sous Perpignan, et voir les Espagnols pendant toute la campagne manger le Roussillon sans pouvoir l'empêcher.

Le Roi, qui vouloit prendre Namur à la barbe du prince d'Orange qui avoit une armée formidable, il en falloit une d'opposition pendant que le Roi en personne feroit ce grand siège, qu'il ne vouloit pas manquer, son honneur y étant trop intéressé.

L'on attribue les fautes que fit ce général espagnol : 1° à son peu d'habileté, il étoit de la plus haute volée des grands d'Espagne, puisque ceux de Maison de Médina-Sidonia prétendent à la couronne.

2° A la mésintelligence qui étoit entre lui et M. le marquis de Conflans, très grand homme de guerre, et qui étoit, après le général, le commandant de l'armée, c'est-à-dire le premier lieutenant-général.

Mais ce qu'il fit encore de plus mal et à la louange de notre général, c'est que lorsque ce général espagnol sut que notre général vouloit passer le col et l'aller trouver à Jonquiéra, il s'alla retrancher à la Figuiéra, où il passa presque toutè la campagne quoique fort supérieur en troupes, et nous demeurâmes dans le camp de la Jonquiéra plus de cinq semaines, et qu'il y eut de quoi faire subsister la cavalerie.

Comme on étoit assez près les uns des autres, on n'avoit pas du fourrage, qui est très rare dans ce pays là, qu'il n'y eut quelques coups de tirés.

M. d'Aligny dégage M. Manuel.

Un jour que j'étois commandé au fourrage avec M. de Longueval, maréchal de camp, car il falloit de bonnes escortes pour trouver de la paille (on ne sait presque ce que c'est que du foin dans le Lampourdan où nous étions pour lors), M. Manuel, colonel de ce beau régiment d'Erlac, qui est le premier de tous ceux des Suisses, et qui est à présent à M. de Vilars-Chaudine, mon parent et mon ami; (son père, quoique Suisse, s'étoit marié en Bourgogne à une demoiselle Saumaise, et c'est par là que nous sommes parents) pour revenir donc à M. Manuel, il avoit un grand équipage aussi bien que les capitaines de son régiment, il vit une belle ferme ou métairie où il lui parut y avoir du grain, c'était dans le tems de moisson, il fut assez imprudent pour y aller avec des officiers et soldats de son régiment, et cela nous attira une affaire pour le dégager.

Les ennemis qui en étoient près nous voyant dans la résolution de dégager M. Manuel, firent mettre leurs cavaliers et dragons de l'infanterie en croupe, et comme il leur venoit à tout moment des troupes, nous devenions très inférieurs et il n'y avoit pas apparence de pouvoir tenir, nous nous trouvions dans des rochers et notre retraite ne se pouvoit faire que par une coulisse.

M. le marquis de Longueval qui étoit un bon officier de cavalerie ne s'entendoit guère à la manœuvre d'infanterie, et dans le terrain où nous nous trouvions, il vouloit faire faire à un régiment du Roi et à un d'Allemand, ce qu'il ne falloit pas, et même ce qui ne se pouvoit pas ; il voulut plaire à la cavalerie en sauvant le fourrage, les cavaliers étant chargés de leurs troupes, mais en voulant sauver le fourrage, il falloit que ces deux bataillons et les autres détachemens d'infanterie que je commandois soutinssent six fois plus de troupes que je n'en avois, et c'est alors que je dis aux deux commandans de ces bataillons que nous étions taillés en pièces si nous faisions ce que M. de Longueval vouloit faire faire. Ils me dirent qu'ils n'obéiroient qu'à moi, je leur dis que je prendrois la chose sur moi. J'envoyai le bataillon allemand se saisir du défilé de la coulisse et faire jeter les troupes à bas en toute diligence, faire passer ce défilé aux chevaux et regagner le camp, que pendant ce tems là, avec le bataillon du Roi et le détachement, je donnerois le tems de sauver nos fourrages en me retirant toujours vers mon défilé où je trouvai mes Allemands.

Il étoit impossible de forcer ces deux bataillons dans ce poste, aussi, après avoir perdu une vingtaine de soldats, nous fîmes notre retraite qui fut louée; je peux dire que sans moi, cette escorte étoit taillée en pièces.

Les grandes chaleurs étant venues, chacun se retira jusqu'au mois de septembre que chacun rentra en action : M. de Noailles mit son quartier à Lisle, les oranges y sont en pleine terre, les troupes furent mises en différents quartiers.

M. d'Aligny va à Coulioure.

Je lui demandai congé pour aller voir les six compagnies que j'avois à Coulioure, il me dit : « Vous allez voir un homme qui me veut bien du « mal. » Je lui répondis que si cet homme me vouloit tenir quelques mauvais discours sur lui, je lui ferois connoître que je lui étois tout dévoué, je veux dire à M. de Noailles.

Je partis donc avec M. de Roncecourt, il étoit neveu de M. le comte de Roncecourt, lieutenant des gardes du corps de la compagnie de Noailles et lieutenant général des armées du Roi, il étoit très bon officier, ayant été capitaine dans Picardie. Je me souviens que lorsqu'il arrivoit quelque chose dans l'infanterie touchant les ordonnances : M. de Catinat, disoit-il, il faut envoyer chercher Roncecour, c'est le répertoire des ordonnances. Il ne tarda guère à être lieutenant-colonel de ce régiment.

M. de Bierry, mon beau-frère. qui avoit été aussi capitaine dans Picardie et qui en avoit été tiré lorsqu'on fit le régiment de Toulouse avec de bonnes compagnies pour former ce nouveau régiment, il étoit capitaine de grenadiers dans mon régiment, il eut deux gratifications.

Quand je fus à Coulioure, M. d'Aubeterre me logea chez lui, il ne me dit jamais autre chose de

M. de Noailles, sinon qu'il le devoit laisser mourir en repos. (M. de Noailles avoit défendu qu'on rendit à M. d'Aubeterrre certains honneurs militaires qu'il souhaitoit et qui véritablement ne lui appartenoient pas, quoiqu'il fut un très ancien lieutenant général et fils d'un très digne maréchal de France). Il avoit bien 75 ans, homme encore vigoureux qui n'auroit pas manqué une caille ni un perdreau au vol quoiqu'à cheval.

Un jour que nous étions à la chasse, car il me retint dix jours, il s'ouvrit à moi sur son mal de cœur contre M. de Noailles, qui étoit les honneurs qu'il prétendoit et qu'il disoit avoir toujours eus : Je lui répondis sans savoir ce qui en étoit, que M. de Noailles étoit un seigneur des plus bienfaisans, et qu'il falloit qu'il eût eu une réprimande de la cour d'avoir souffert dans son gouvernement qu'un autre que lui eût les honneurs à lui réservés : Je vis que cela le calmoit, mais ils n'ont jamais été bons amis.

Voici comme je passai le tems que je fus avec lui, j'aimois la chasse autant que lui, dès le grand matin, il faisoit partir deux mulets, l'un chargé du diné et l'autre de son lit : Nous chassions jusqu'au tems que la chaleur nous le permettoit, on dinoit, et dès qu'il avoit dîné, il le falloit mettre entre deux draps jusqu'à cinq heures du soir que nous nous en revenions en chassant tout du long du bord de la mer.

Il y a eu autrefois un concile tenu à Coulioure, et j'allai visiter à cent pas de la ville un très grand et très long bâtiment à moitié découvert, où l'on assure que ce concile s'est tenu.

Pêche du Thon.

Il y a aussi un filet d'une grandeur et d'un poids énorme, il faut plus de 400 hommes pour le porter; c'est en ce lieu ou aux environs que se fait cette belle pêche du thon : dans le tems où ce poisson s'approche des côtes, le tems est assez calme, il y a des sentinelles sur toutes les pointes des rochers et montagnes, où il y a des cloches pour avertir, et sitôt qu'on voit appprocher les thons, ils sonnent, et aussitôt tous ceux des paroisses viennent prendre la Madragance, c'est ainsi que ce filet s'appelle, puis étant porté par des barques, on le jette dans la mer pour barrer ce poisson qui est dans une anse, c'est-à-dire un endroit que la mer fait entre deux cornes de terre en demi-cercle. Après que le filet est tendu, les pêcheurs entrent dans cette anse, et avec leurs tridents, percent tous ces pauvres thons, qui rendent tant de sang que cet endroit de la mer en est tout rouge ; quand ils sont pris, on les sale dans des barils : c'est le poisson qui approche le plus de la chair de veau.

J'en ai mangé d'un autre qu'on appelle la dorade, qui est comme la perche de nos rivières, mais qui est bien plus gros, et qui a le même goût, mais je n'en ai point vu dans l'Océan, ayant été à la Rochelle et sur toutes les côtes de la Bretagne.

Etant de retour, je fus incontinent faire ma cour à mon général, et lui rendre compte de mon voyage : il fut très content de ce que j'avois dit au chevalier d'Aubeterre, dont je fus très content aussi, tant par rapport à la bonne réception qu'il m'avoit faite que par rapport au bien qu'il me dit des six compagnies de mon régiment que j'avois dans sa place; il en avoit pris les officiers si fort en amitié qu'il ne pouvoit se passer d'eux, c'étoient aussi de fort honnêtes gens et de bons militaires.

Le tems s'approchant que les grandes chaleurs sont insupportables, surtout les mouches qui piquent jour et nuit, et encore plus les animaux venimeux qu'on ne peut empêcher d'entrer dans les tentes si elles ne sont bien terrassées tout à l'entour, M. de Noailles prit pensée d'envoyer un petit corps d'armée en Sardaigne sous les ordres de M. le marquis de Longueval. Il s'en falloit beaucoup que cet officier en sût autant que le comte de Bouquoy de son nom et je crois son grand-père ou son oncle, qui a fait tant de belles actions au service de l'Empereur et du Roi de Sardaigne de ce tems là.

d'Aligny de re-
st commandé en
igne.

Je fus commandé à la tête de l'infanterie et M. de Légal à celle de la cavalerie et dragons : j'avois autrefois logé avec lui à Paris dans la même auberge, il étoit officier dans Beligny, il s'en alla au service de l'électeur de Cologne, et ne revint en France qu'avec un fort bon régiment que le Roi prit, qui a toujours cru M. Légal allemand : son lieutenant colonel étoit M. de Mosbac, homme de qualité, son major aussi, gens faits à peindre. Comme il savoit que je connaissois tout ce régiment, je n'avois garde de dire qu'il étoit de Nantes, et qu'il n'avoit étudié comme il avoit fait, étant très savant en toutes sciences et en plusieurs langues, et pouvoit être un jour un bon lieutenant général comme il l'a été : c'est lui qui gagna ce combat contre le général Lacour, dans le même lieu où l'on a perdu la bataille d'Hostech par la pure ignorance du général ; je n'ai que faire de le nommer, il est assez connu pour avoir été cause d'un malheur qui a été suivi de tant d'autres. M. de Malbouroug n'a pas eu grande gloire au gain de cette bataille.

Pour revenir en Sardaigne, après avoir passé le col de la Perche sous le Mont Louis, place nouvelle et très bien fortifiée, nous entrâmes dans le pays qui est arrosé de la Sagre, qui, après un long tour, va se jeter dans l'Ebro, l'un des grands fleuves d'Espagne : notre premier camp fut entre cette place et Livia où fut notre dernier camp.

Etant partis de là pour gagner le quartier d'hiver, pendant six semaines ou environ que nous fûmes dans ce camp,nous faisions bonne garde,les ennemis pouvant venir à nous par le col de la Magnuame qui tombe sous Puicerda qu'on avoit démoli par le dernier traité et convenu que les couronnes ne pourraient faire des fortifications sur la hauteur de Livia.

Les gens du pays veulent que Livia, femme d'Auguste, soit venue mourir dans ce bel endroit, on ne saurait voir la plus belle situation, il paroît y avoir des ruines de vieux châteaux et de maisons grandes et anciennes. La place d'ailleurs fort grande et la montagne sur laquelle sont ces ruines et ces mâsures est l'endroit où les deux puissances ne doivent point bâtir.

Un jour M. Légal me dit : « Commandez 50 hommes de votre infanterie avec des pics et des pioches, et nous irons fouiller si nous pouvons connoître si c'est l'ouvrage des Romains ou des Gots. Je l'aurai bientôt reconnu. » Le lendemain, après en avoir parlé à M. de Longueval, j'y menai les 50 hommes, lesquels après avoir travaillé toute la journée, il se trouva à son avis que ce n'étoit que des ouvrages des Gots et non des Romains. Et en effet, quelle apparence que Livia, femme d'Auguste, eût quitté Rome ; il ne s'en voit rien dans l'histoire, mais bien qu'Auguste étoit peu délicat d'épouser une femme grosse comme l'histoire le rapporte.

...ligny refuse ...eurs à M. de ...al.

M. de Longueval se plaignit à moi que lorsqu'il alloit visiter les postes on ne faisoit que rappeler et se mettre sous les armes, que je me ressouvinsse que lorsqu'un officier général commandoit un corps à part du général tous les honneurs lui étoient dûs. Je lui dis la même chose que j'avois dite à M. de la Hoquette qui étoit lieutenant général, gouverneur de Savoie, et je lui répondis que lui, qui n'étoit que maréchal de camp, s'il vouloit avoir tous les honneurs, qu'il s'adressa à M. de Manuel, colonel des Suisses : il s'y adressât et en eut pour toute réponse qu'il ne feroit pas battre au champ que je ne lui eusse ordonné et à l'infanterie qui étoit dans ce camp : il revint donc encore à moi, nous mangions ensemble, c'étoit le meilleur gentilhomme et le plus honnète homme du monde, je lui observai qu'il étoit sous les ordres de M. de Noailles, l'homme le plus jaloux de son autorité plus qu'aucun autre général, qu'il prît bien garde à ce qu'il vouloit faire, que M. de Noailles ne lui pardonneroit pas cette usurpation ; mais puisqu'il le vouloit, qu'il n'y avoit rien de si aisé, qu'il n'avoit qu'à l'ordonner le soir en donnant l'ordre. Mais je lui dis encore qu'il paieroit cet honneur là bien chèrement dès que notre général en seroit averti.

Il ordonna donc lui même à l'ordre qu'il auroit tous les honneurs, et il fallut obéir. Je le réduisis à l'ordonner lui même, afin de n'avoir point de reproches ; en effet, il auroit été longtemps à me vouloir faire faire de gré une telle faute : je savois tout ce qui étoit dû à un chacun : le maréchal de camp n'a d'autres grades à cinq hommes près que le brigadier, c'est à dire que le maréchal de camp a quinze hommes et un sergent et le brigadier dix hommes et un sergent, et par mois qui font quarante-cinq jours, cent livres plus que le brigadier.

Quelqu'un ne manqua pas d'écrire à M. de Noailles, notre maréchal : il vint en Sardaigne, il ne voulut pas voir M. de Longueval, et sans le marquis de Noailles qui étoit son ami et qui fit la paix, notre général ne l'auroit jamais vu : il me fit des reproches et à M. de Romecourt de l'avoir su par d'autres : « Je ne sais, ajouta-t-il, comment

« appeler cela de la part de M. de Longueval ». Je lui dis que si les écrivains (dont il n'y en avoit que trop dans l'armée) lui avoient voulu dire ce que j'avois fait à ce sujet, qu'il ne se plaindroit ni de Romecourt ni de moi : Romecourt faisoit la charge de major de cette petite armée.

d'Aligny vient ...ui après la cam... ...e.

La campagne étant sur ses fins, et M. de Noailles n'ayant pas approuvé un dessein que j'avois sur Vergel dont je lui avois envoyé les raisons et sa manière de l'exécuter, il rappela dans le Roussillon notre corps de troupes. Sitôt que j'y fus arrivé, il me donna mes routes pour retourner en Bourgogne, et après l'avoir bien remercié de toutes ses bontés, nous prîmes congé de lui ; il nous assura qu'il auroit toujours beaucoup d'estime pour moi et pour tous les officiers de mon régiment.

Nous n'arrivâmes en Bourgogne qu'au commencement de décembre, la route étant fort longue, pour retourner dès les premiers jours de mars en Italie, M. de Catinat m'ayant demandé comme je vais le dire. De son côté, M. de Catinat passa la campagne en faisant des camps, tantôt à Diblon, à Fenestrel, à Pinache et à Rochecatel. M. de Savoie qui alloit bientôt faire faux-bon à ses alliés, ne fit pas de son côté grand'chose.

M'étant un peu reposé chez moi à Aligny, et ayant donné les ordres pour les réparations à faire dans mon régiment, qui n'étoient pas grandes, car il n'y manquoit que trente hommes. A ce sujet, je ne puis taire le bel ordre que M. de Noailles tient dans son armée ; pour les soldats et les officiers blessés ou malades, l'hôpital était à Perpignan; quelque part que fût son armée, si une communauté se refusait à conduire un malade à cheval ou en charrette jusqu'à l'hôpital de l'armée, il les condamnoit à des amendes qui n'étoient pas légères; et voilà ce qui a sauvé tant de gens de ce côté-là, quand il y a commandé, aussi a-t-il mieux réussi que tous les généraux qui l'ont précédé.

M. d'Aligny va en cour.

Je fus à Versailles sur la fin de février, où M. de Noailles avoit fait ma cour au Roi, les généraux n'ont pas garde quand quelque officier a rendu un service important de lui en attribuer toute la gloire; ils gardent toujours le meilleur pour eux; il eut toute la gloire de ce que j'avois fait au col de Porteil; si le général espagnol fut obligé de repasser ce col, j'y eus sûrement plus de part que personne. Quant M. de Catinat jeta ses poudres et ses farines dans la rivière de Fenestrel et qu'il eut abandonné ce camp, il n'y retourna que sur les avis que je lui donnai, l'assurant sur ma tête que M. de Savoie ne le poursuivroit pas davantage, et il en eut toute la gloire, quoique M. de Savoie fût trois fois plus fort que lui. Il eut la gloire d'avoir tenu et de n'avoir pas abandonné la vallée de Pragelas; c'étoit cependant moi qui fus la seule cause cause qu'il retourna à Fenestrel; si j'avois été récompensé comme je devois l'être, le gouvernement de Briançon devoit-il être donné à un autre qu'à moi après les services que j'avois rendus dans ce pays là, et ayant commandé dans Briançon? Lorsque M. de Montal rendit à Stinkerke un service très important, on ne parla seulement pas de lui dans la relation de M. de Luxembourg. Je citerois cent exemples pareils ; il est juste que MM. les généraux aient la gloire et le profit des succès ; mais il seroit juste aussi que ceux qui y contribuent le plus ne fussent pas oubliés et qu'ils eussent quelque part dans cette gloire et ce profit : cela donneroit de l'émulation pour bien faire, c'est pourtant chose qui n'est pas d'usage. Le bureau, les intrigues, les parens, l'étoile, en un mot, tout en ordonne autrement.

d'Aligny est demandé pour la campagne.

Un jour que le Roi alloit à la messe, M. de Noailles, auprès duquel j'étois, me demanda à Sa Majesté pour la campagne qu'il alloit faire en Cologne, le Roi ne lui répondit rien. M. de Catinat me vit parler au Roi à qui je dis que lorsque les officiers étoient connus de leurs généraux sur le pied d'être propres à quelque chose, son service n'en alloit que mieux, que puisque M. de Noailles s'étoit bien trouvé de moi et me redemandoit, que je le priois de m'ordonner de servir sous lui; il ne me répondit rien non plus qu'à M. de Noailles, qui me dit de retourner à la charge et qu'il m'appuieroit, je dis donc au Roi : « Sire, Votre Majesté ne « dit mot ». Alors, il se retourna comme en colère, et me dit : « Ah pour le coup, Monsieur, je « verrai. »

Alors M. de Noailles me dit : « M. de Catinat vous a demandé ». Le roi alla entendre la messe, et moi fort fâché, je descendis par le degré où sont ces belles peintures où je trouvai M. de Catinat qui apparemment m'avoit vu parler au roi assez longtems et se doutoit du sujet, il me dit donc : « Qu'est-ce que tout ceci, M. d'Aligny » ; je lui répondis que : « J'avois servi toute la campagne « passée avec tout l'agrément qu'on peut désirer « sous M. de Noailles, qu'il me redemandoit, et « que j'avois prié le Roi de m'y renvoyer; que le « Roi ne m'ayant rien répondu, si ma destinée « m'appeloit avec lui, qui m'avoit honoré de son « amitié et de son estime, que j'en serois charmé.»

M. d'Aligny va vers M. de Catinat à Fenestrel.

Là-dessus, je pris congé du Roi, sans songer à autre chose qu'à me préparer comme à mon ordinaire, à partir bientôt. Je reçus mes ordres pour m'assembler à Chalon dès le commencement d'avril, pour me rendre à Fenestrel. J'y trouvai M. de Catinat et les deux princes de Modène, M. d'Arenne, major général et M. de Chavigny, qui faisoit la charge de maréchal des logis de l'armée.

Nous fûmes là près de quinze jours sans que pas une troupe fût arrivée de France ; un jour que nous étions allés nous promener après diné sur le chemin qui vient de France près d'une cascade, le courrier arriva et donna des lettres à M. le Maréchal, aux princes et autres; après avoir lu leurs lettres, ils demandèrent si on ne disoit rien du siège de Rose que M. de Noailles avoit entrepris ; ils dirent qu'on ne leur en mandoit rien ; alors je leur dis que Rose étoit pris. A quoi il me fut répliqué avec un peu de chaleur : « Comment savez-vous cela » je lui répondis : « par celui qui l'a pris et du jour de la capitulation ». Ce que leur ayant montré, je vis bien que M. de Catinat n'avoit pas pas oublié ce que j'avois fait auprès du Roi pour servir avec ce général.

Savoie don-
re.

Les troupes arrivées, elles furent dispersées depuis Sézane qui est au pied du mont Genèvre jusqu'à Pignerol; sitôt que M. de Savoie eut trouvé le moyen de pouvoir se déclarer, on entra dans la plaine, et il se trouva la chose la plus singulière, c'est que le même jour M. le duc de Savoie donna l'ordre à l'armée de France, à celle des Allemands et des Espagnols qui furent obligés de se retirer, en grondant dans le Milannois; et avec nos troupes et celles de Savoie on fit le siège de Valence qu'on prit : l'argent avoit fait son effet, mais M. de Savoie n'oublia pas de marier ses deux filles sans qu'il lui en coûtât rien et de les mettre néanmoins sur les deux plus beaux trônes de l'Europe.

d'Aligny est
d'exécuter la
vec M. de S..-

Je fus commandé pour livrer à M. le marquis de la Pierre ce qui étoit convenu qu'on devoit remettre à M. le duc de Savoie, on devoit lui rendre Cassel et démolir Pignerol; ce prince, par son savoir faire, est celui qui a su profiter le mieux de toutes les paix qui se sont faites.

Ce fut à Turin où je vis la Princesse qui étoit destinée à M. le duc de Bourgogne; celle qui a été mariée en Espagne me paraissoit bien plus belle. J'avois ouï parler de cette cour d'une manière à donner envie de la voir; quand j'eus vu le cercle de Mme Royalle et de Mme la duchesse de Savoie, j'en fus bien désabusé : je trouvai MM. les ducs de Frise et de Choiseul qui étoient en stage pour l'exécution du traité, ils m'emmenèrent souper avec eux et le lendemain j'allai attendre M. le marquis de la Pierre à Pignerol qu'on démolissoit.

M. d'Herville étoit parti de Pignerol sitôt que son gouvernement ne fut plus à lui; j'avois connu le marquis de la Pierre au service de la France, il étoit colonel du régiment Genevois et s'étoit trouvé à la bataille de Cassel, je connaissois aussi le marquis de St-Alban, son frère, leurs terres sont près de mon gouvernement de Pierre-Chatel, ainsi je fus ravi qu'il eût cette commission. Il vit en premier lieu qu'on démolissoit une place qui avoit coûté au Roi des sommes immenses. Après cela comme la comté de la Pérouse étoit encore cédée, il en prit possession, et les limites des deux Etats sont d'un côté au Bec Dauphin et de l'autre côté, c'est le Château-Dauphin.

Les troupes que M. le maréchal de Catinat avoit menées au siège de Valence repassèrent les monts et cette paix de Savoie fera faire bientôt toutes les autres à Risvich.

Nous voilà délivrés d'un ennemi qui nous coûtoit plus de monde et plus d'argent que l'Allemagne et la Catalogne ensemble; les alliés ayant perdu M. de Savoie, les Hollandois pressoient l'Empereur et l'Angleterre à se déclarer.

M. le Chevalier Temple, qui étoit plénipotentiaire du Roi d'Angleterre à Nimègue, étoit mort lors du traité de Risvich: il a fait des mémoires d'une très grande beauté, qui instruisent de tout ce qui s'est fait dans ce traité qui a été si glorieux à la

France; nous avons eu un intendant en Bourgogne, M. de Harley-Bonnoul, qui étoit un des trois plénipotentiaires pour la France. Les Espagnols ne pouvoient s'accommoder des propositions de paix qu'on faisoit, et voulurent continuer la guerre, cela fit faire encore une campagne avant que le traité fut conclu. Sur la fin, c'est-à-dire vers les premiers d'octobre 1697, les Hollandois l'ayant faite en particulier depuis la paix de Namur et des autres places de Flandre, ils craignirent que le Roi ne s'approchât plus près d'eux.

d'Aligny va en

Ayant repassé les monts avec toutes les autres troupes, j'allai l'hiver à Versailles, et un jour que je passois par les galeries des princes pour aller chez le Roi, je rencontrai M. de Vendôme qui en sortoit et qui étoit destiné pour l'armée de Catalogne; c'est lorsqu'il alla assiéger Barcelone et qu'il le prit après la plus belle défense qu'il se pût faire : il me dit donc : « M. d'Aligny, je voudrois « bien vous avoir avec moi ». Comme j'avois servi huit années de suite dans la même armée avec cet aimable prince qui m'honoroit de son estime et de son amitié, je lui répondis : « Mon prince, je ne « serai jamais plus content que lorsque ma desti- « née me conduira à servir sous vos ordres. »

d'Aligny va à ...nbourg.

Le temps venu qu'il faut que les officiers principaux pour bien faire leur cour prennent congé du Roi, je le pris comme les autres, et je ne fus pas sitôt arrivé en Bourgogne que je reçus mes ordres pour m'en aller à Mâcon; comme cette ville est à l'extrémité de la Bourgogne du côté que j'espérois aller, je ne doutai pas un moment que je ne fusse destiné à servir avec ce prince, ce qui me faisoit un grand plaisir aussi bien qu'à tout mon régiment; les officiers et les soldats, pendant les huit jours que je fus en cette ville, burent à tout moment à la santé de notre prétendu général, mais notre joie se changea tout d'un coup en un noir chagrin; ma route se trouva aboutir à Luxembourg où je devois trouver les ordres de M. d'Harcour, qui devoit commander l'armée de la Mozelle. Je n'avois presque jamais servi avec ce seigneur, il n'y avoit que M. de Romecourt qui avoit été capitaine dans le régiment de Picardie, tandis que M. d'Harcour en étoit colonel. Je le connaissois, par sa réputation, pour l'un des meilleurs lieutenans-généraux que le Roi eût dans ses troupes; je savois encore par M. de Romecourt qu'il étoit le plus obligeant et le plus gracieux de tous les hommes, cela me consoloit un peu, mais je ne pouvois oublier le chagrin que j'avois de ne pas servir avec M. de Vendôme.

Enfin, me voilà à Luxembourg : Je logeai sur la route à Commercy où il se trouva que M. le comte de Commercy avoit épousé Mlle de Romecourt, cousine germaine du lieutenant-colonel de mon régiment; il nous régala. Sa femme, avec laquelle il vivoit très mal, étoit chez M. son frère, l'abbé de Beaulieu, à deux lieues de Verdun, l'une des plus belles abbayes de France, vallant a l'abbé vingt-deux mille livres de rente.

M. de Romecourt et moi fîmes tout ce que nous pûmes pour le guérir de sa jalousie, il nous dit sur le compte de sa femme des extravagances qu'il n'y a que cette passion qui les puisse inventer : nous laissâmes ce seigneur, après y avoir séjourné un jour, aussi jaloux que nous l'avions trouvé.

M. d'Harcourt étoit déjà arrivé, il n'y avoit encore que lui, M. Loch, maréchal de camp et M. d'Asfeld, brigadier des dragons. Pendant 15 jours que je fus avec notre général et ces deux officiers, nous remarquions l'impatience où étoit M. d'Harcourt de ne pas voir arriver les troupes qui lui étoient destinées pour se mettre en campagne. Tous les jours il faisoit porter son dîner à Manfeld ; c'est un très beau jardin que ce prince avoit fait faire lorsqu'il commandoit dans les Pays-Bas ; il avoit la bonté de m'y mener dans sa berline assez matin ; et après que ces messieurs étoient arrivés pour dîner, chacun faisoit venir ses chevaux, et sitôt qu'on avoit mangé, on montoit à cheval pour aller se promener et voir si l'herbe ne vouloit pas paroître pour se mettre en campagne, dont le tems lui tardoit fort.

Il savoit mieux que nous que la paix s'avançoit à Risvich, ainsi les armées, pendant cette dernière campagne, ne firent que des camps, excepté celle que M. de Catinat commandoit, qui prit Ath.

Lorsque M. d'Harcourt assembla son armée, sa cavalerie, et les dragons, ce fut à Pfah, à deux lieues au-dessous de Trèves, et son infanterie à Pallieu, un peu plus près de cette ancienne ville et qui l'est pourtant moins qu'Autun, puisque du tems des fondateurs de cette cité, Autun étoit déjà l'une des plus puissantes villes du monde après Rome, il me laissa avec le canon et l'infanterie, je me trouvai l'ancien brigadier de son armée ; il ordonna un ban que les premiers qui seroient pris par delà la garde, seroient pendus. Trois soldats du régiment Désauguin furent pris et comme leur procès étoit tout fait, il n'y avoit qu'à les pendre. Le major m'ayant assuré qu'il y en avoit un qui étoit innocent, je lui dis d'envoyer à M. d'Harcourt qui pouvoit seul lui faire grâce et que je retarderois l'exécution tant que je pourrois pour donner le tems à celui qui iroit chercher la grâce de venir l'apporter ; l'on vint me demander où l'exécution se feroit, je dis à la droite de la ligne : aussitôt les bourreaux de Trèves dressèrent leurs potences, une heure après je leur envoyai dire que ce seroit au centre de la ligne, afin que tout le monde pût voir cette exécution.

Toute l'infanterie étoit sous les armes à qui le tems duroit fort, qui ne savoit pas que je voulois sauver cet innocent, qui l'étoit en effet. J'attendois toujours cet aide-major qu'on avoit envoyé et qui ne venoit pas, et sur l'importunité des colonels et des autres officiers, à la fin, je fis marcher les patiens au gibet, il n'y avoit qu'un petit pré à passer, et au-delà, sur des arbres, les bourreaux avoient préparé leurs échelles ; lorsque la grâce arriva, je dis qu'on le déliât, et au major de lui faire donner un peu d'eau-de-vie ; alors ce soldat me dit : « Monsieur, je n'en ai pas besoin, qu'on

« me tâte le pouls, j'étois sûr que je ne périrois « pas, et que la Ste-Vierge que j'ai toujours servie « avec confiance, me sauveroit, étant innocent ». Cependant, un quart d'heure plus tard, il étoit pendu.

passe la

L'armée s'étant assemblée près de Betburg, on marcha pendant 10 ou 12 jours en traversant les Ardennes et le Luxembourg, pays encore plus stérile, pour passer la Meuse à Givet-sous-Charlemont.

M. de Catinat qui devoit assiéger Ath, il falloit pour qu'il ne fût pas inquiété dans son entreprise, que M. le maréchal de Villeroy qui commandoit la grande armée, couvrît le siège, et nous avec la nôtre, nous ne laissâmes pas que d'être très utiles au succès de ce siège quand on s'en fût rendu maître. Comme les Allemands se croyoient en état de nous inquiéter vu les grandes forces que le Roi avoit en Flandre, M. d'Harcour eut ordre avec son armée de retraverser le Luxembourg pour donner la main à celle que nous avions du côté du Rhin : cette marche fut très difficile et si notre général n'eût donné de bons ordres, notre cavalerie et les équipages de l'infanterie auroient eu bien de la peine à se sauver; mais pendant que nous étions campés à Hayette sur l'Ourde, on apprit que les Hollandois, voyant les conquêtes continuelles du Roi, qui s'approchoit un peu trop près d'eux, ils firent leur paix à part, dont M. le prince d'Orange fut au désespoir, ce qui ne fit que de lui donner de la confusion, et de la gloire au général français ; l'on peut dire que nos plénipotentiaires firent une paix aussi glorieuse qu'il se pouvoit, attendu que nos généraux étoient plus redoutables que jamais. Ayant appris cette paix, on ne songea plus qu'à faire subsister nos troupes aux dépens des anciens ennemis, le reste de la campagne.

Le Roi se met en campagne. On fait la paix.

Comme l'Espagne, appuyée par l'Empire, n'avoit pas fait la paix, le Roi, sitôt qu'on put se mettre en campagne, alla visiter les ennemis qui lui restoient, mais en si bonne et si nombreuse compagnie que la paix générale fut bientôt conclue : ils en auroient eu meilleur marché s'ils l'avoient faite en même tems que les Hollandois; il n'y a rien à dire sur cela, après les articles de cette paix.

A propos du chevalier Temple dont j'ai parlé, il ne faut pas oublier sa mort, qui arriva lorsqu'il vit son maître détrôné; il avoit une terre sur le bord de la mer, s'étant levé en robe de chambre il alla se promener sur un rocher peu éloigné de sa maison et se jeta dans la mer; sans doute il ne voulut pas survivre aux malheurs dont il voyoit le roi Jacques, son maître, accablé, et détrôné par le prince d'Orange, son gendre.

A la paix, le régiment de M. d'Aligny est cassé, il obtient la réforme

La paix générale étant faite, on commença à casser tous les régimens des provinces et tous les nouveaux régimens, toutes les mortes-paies et les compagnies franches. Il y avoit sur pied, lorsque cette paix de Risvich se fit, 150 régimens d'infanterie, 114 de cavalerie et 46 de dragons, sans compter la maison du Roi, la gendarmerie et les carabiniers, non plus que toute la marine, l'artillerie et les vivres. Chacun s'en alla en cour pour obtenir quelques réformes et quelques grâces, mais très peu eurent la réforme. Le Roi me la donna, et ceux qui furent assez heureux pour l'avoir, les colonnels, furent mis d'abord à la suite des autres régimens conservés, et après on nous mit servir dans une place ou citadelle pendant un mois.

Aligny va ser- ...sançon.

M. de St-Pouange obtint que, de Verdun où j'étois destiné, je fus rapproché de chez moi à la citadelle de Besançon; on n'avoit que le mois de juin à servir, et après cela, on étoit payé de toute l'année. Je fus deux années de suite ordonné à cette citadelle, mais je ne sortois pas de la ville où M. l'Archevêque me faisoit faire très bonne chair. Mon fils du premier lit avoit l'honneur d'être parent à MM. de Grammont qui tiennent le premier rang dans cette province. J'avois encore une comtesse de Grammont-la-Roche pour parente, j'allai passer chez elle une huitaine à la Roche, elle avoit marié sa fille au marquis de Poitiers ; si j'avois pu dîner deux ou trois fois par jour, je l'aurois pu faire, car M. de Vaubecourt, qui étoit intendant, tout en arrivant, me pria de ne pas aller manger ailleurs que chez lui.

...velle guerre.

Ce manège ne dura pas longtems car, la mort du Roi d'Espagne étant arrivée, il fallut recommencer une guerre qui a été la plus terrible que la France ait jamais essuyée, en parle qui voudra ; combien de batailles perdues ! Ma santé, mes blessures et d'autres infirmités ne me permettent plus de faire deux lieues à cheval sans être huit jours à souffrir.

Les fils de M. d'Aligny sont blessés.

Pour comble de disgrâce, un de mes fils qui étoit déjà capitaine depuis huit ans a perdu à la misérable bataille de Malplaquet une jambe, et celui qui le suit, qui étoit aussi à cette bataille, fut si fort blessé, qu'il n'a pas eu depuis ce tems-là, un moment de santé. Il étoit pour lors dans la 1re compagnie des mousquetaires depuis quatre ans, et avoit été nourri page du Roi ; lorsque je pus mener ce pauvre estropié en cour, je priai le Roi, en considération de mes longs services, de le traiter un peu plus favorablement que les autres capitaines estropiés, d'autant plus qu'il avoit perdu cette jambe à une troisième charge que son régiment avoit faite, et comme ce régiment se trouvoit séparé dans le bois, il commandoit l'une de ces charges.

Le Roi bien informé lui donna 1,000 fr. de pension au lieu de 400 francs, mais à l'heure que je finis ces mémoires, j'apprends qu'on lui a retranché comme à moi le quart de sa pension, la mienne étoit de pareille somme de 1,000 francs et qui me fut donnée lorsque je fus hors d'état de monter à cheval et que, de retour d'Italie, je me présentai au Roi, qui me dit avec cet air obligeant qu'il prenoit quand il faisoit une grâce : « M. d'Aligny, je suis « très fâché de vos infirmités, j'aurai soin de vous », et ayant fait quatre pas,— il alloit à la messe,—il se retourna et me dit encore ces mêmes paroles, et c'est dans ce tems que j'eus cette pension de 1,000 francs.

Je dirai que lorsqu'on vit, après la mort de M. de

Barbesieux, qu'on n'avoit pas fait ministre de la guerre M. de St-Pouange, ou M. de Chanlay, et qu'on chargeoit une même personne de la guerre et des finances, et encore quel homme ? on jugea que tout iroit de travers.

lexions. Ce nouveau ministre fit tant d'officiers généraux de si peu de service et si peu capables, qu'il ne faut pas s'étonner de toutes les batailles perdues; les grâces d'ailleurs, tombant sur de nouveaux officiers, les vieux et bons officiers quittèrent, car il ne faut pas s'imaginer que les troupes fussent changées, elles avoient le même cœur, mais il n'y avoit plus de Condé, de Turenne, de Luxembourg, de Créqui ; et une preuve de ce que je dis : voyons un peu la bataille de Friedlingen, elles sont menées par M. de Villars, qui n'étoit encore que lieutenant-général, elles battent M. de Bade, qui étoit un des meilleurs généraux de l'Empereur : M. de Villars avoit deux bons maréchaux de camp qui eurent bien de la part à cette bataille, au gain de laquelle la cavalerie ne contribua pas peu, c'étoit M. de St-Maurice et M. de Magnac.

Que ne fit pas faire à nos troupes M. de Vendôme à Luzara et à Barcelone, M. de Bervick à Almanze ; cet Anglois à la tête des François gagna cette importante bataille contre un François à la tête des Anglois, c'est M. de Ruvigny, sous le nom de milord Galois, qu'on ne peut cependant appeler du nom de traître à la patrie, la religion seule l'ayant fait passer en Angleterre. Y a-t-il rien de si singulier et de si glorieux en même tems à la nation française. M. le comte Dubourg défit le maréchal Marcy à Molzen, dans un combat de si grande importance à la France. Je rapporterois bien d'autres exemples pour prouver que quand les François sont bien menés ils sont invincibles, mais combien en pourrois-je alléguer où ils ont été si mal conduits qu'il n'est pas étonnant qu'ils aient été battus.

Ce ministre dont j'ai parlé qui n'avoit jamais ouï parler de la guerre, donne pourtant des généraux à nos troupes et ruine notre réputation et nos forces par son mauvais choix, mais ce qu'il fit encore plus mal, ce fut que son gendre fut fait général pour prendre Turin ; pour une telle entreprise, trois maréchaux de France et des meilleurs y étoient destinés: M. de Catinat du côté du Pô, et M. d'Harcour de l'autre, et pour conduire les travaux, M. le maréchal de Vauban, qui s'offrit de laisser le bâton derrière la porte; ce furent ses termes quand il en parla au Roi. M. de Chamiler crut se faire bien des amis en faisant au bout de de deux ans, les fils et les parens des grands seigneurs généraux et brigadiers ; car ces petits seigneurs disoient fort bien que si on ne les faisoit pas brigadiers, ils vendroient leurs régimens, et et cela au bout de deux ans de service de colonels, et ceux-ci peu de tems après, vouloient être maréchaux de camp.

Voilà ce qui a tout gâté, et le pis est que ces nouveaux officiers, n'ayant pas eu le tems d'apprendre leur métier et s'attirant les grâces, ont fait quitter un bon nombre d'anciens et bons officiers capables de les redresser et de les conduire eux-mêmes. Si Messieurs les maréchaux de France, de Villars et d'Artagnan n'eussent fait à dessein ce qu'ils firent faire aux troupes, on auroit été obligé de faire une paix honteuse à Utrech.

ix d'Utrech. Il falloit qu'on eût mis la France à deux doigts de sa ruine, puisqu'il y a près de cinq ans que cette paix est faite, et on est plus tourmenté que pendant la guerre.

Dieu veuille que M. le Régent ait le cœur assez bon françois pour changer ces tems malheureux.

TABLE SOMMAIRE

DES

MÉMOIRES DE M. QUARRÉ D'ALIGNY

M. Quarré d'Aligny s'est retiré après avoir obtenu la réforme, avec le grade de brigadier des armées du Roi, chevalier de l'ordre royal et militaire de St-Louis, gouverneur de Pierre-Chatel, avec le gouvernement d'Autun et la charge de grand bailli de Charollois, et beaucoup d'estime et de considération.

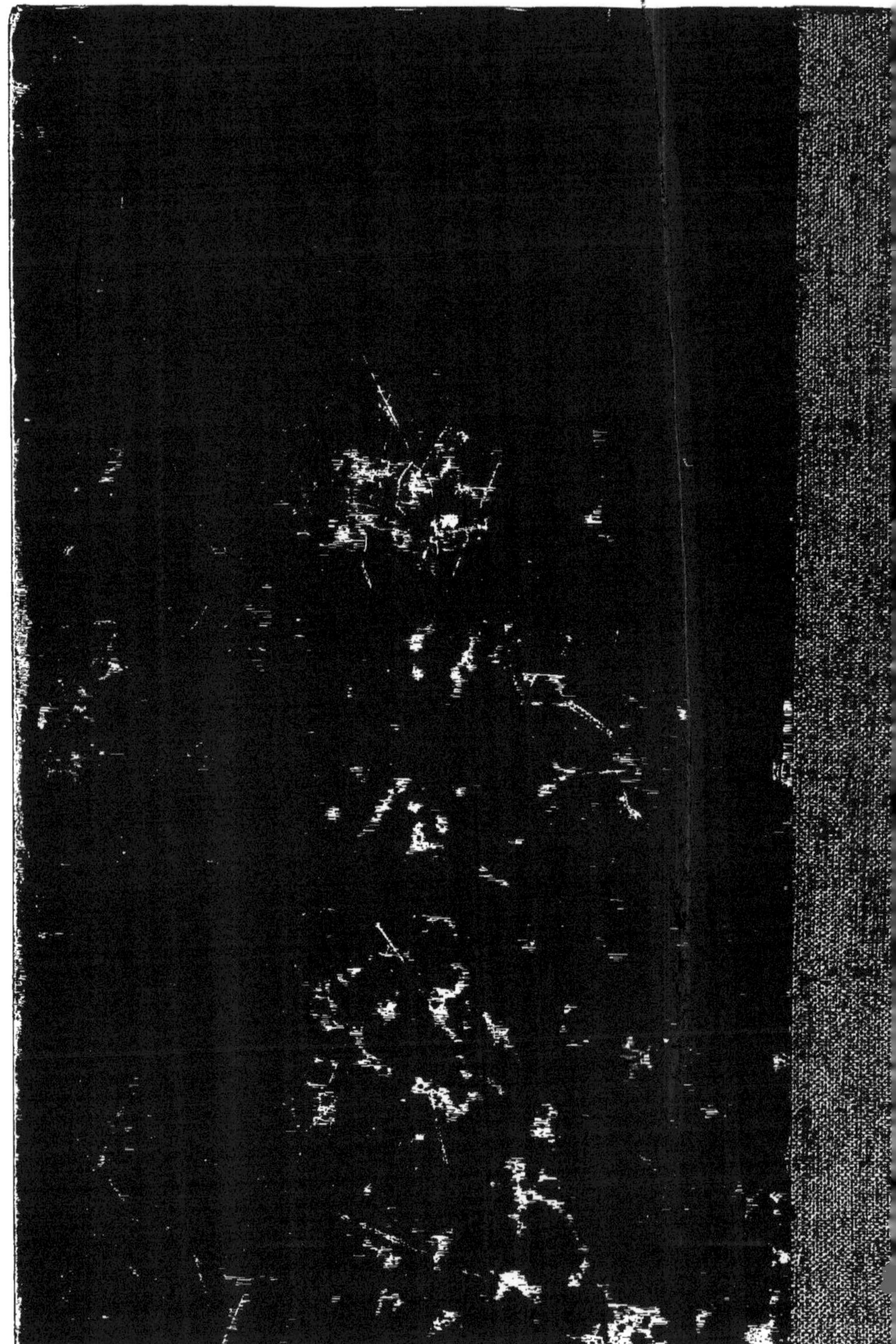

www.ingramcontent.com/pod-product-compliance
Ingram Content Group UK Ltd.
Pitfield, Milton Keynes, MK11 3LW, UK
UKHW020114200726
13856UKWH00002B/545